MANUEL
PRATIQUE
DU
FONDEUR DE SUIF
OU
FABRICANT DE CHANDELLES,

Par M. Orfeuil,

Fondeur et fabricant au Neubourg (Eure).

BREVETÉ

pour avoir découvert les moyens de fabriquer, pour ainsi dire sans en étant la mauvaise odeur des Chandelles.

RÉCOMPENSE

obtenue à l'exposition des produits de l'industrie en 1834, où il a mérité la citation honorable de la Société d'Encouragement pour l'industrie nationale de Paris.

ROUEN.

IMPRIMÉ PAR D. BRIÈRE,

Rue Saint-Lô, N° 7.

1840.

MANUEL
PRATIQUE
DU
FONDEUR DE SUIF
ET DU
FABRICANT DE CHANDELLES.

SE TROUVE

AU NEUBOURG, CHEZ L'AUTEUR,

ou

A ROUEN, A SA FILATURE, RUE DAMIETTE, 12.

PRATIQUE

DU

FONDEUR DE SUIF

ET DU

FABRICANT DE CHANDELLES,

Par M. Benoist,

Fondeur et fabricant au Neubourg (Eure),

BREVETÉ

1° Pour un Métier à façonner les Mèches de Chandelles ; 2° pour un Chandelier évitant la mouchure des Chandelles.

RÉCOMPENSÉ

1° A l'Exposition des Produits de l'Industrie en 1839 ; 2° par la Société Industrielle de Rouen ; 3° par la Société d'Encouragement pour l'Industrie nationale de Paris,

Pour les services incontestables qu'il a rendus à la fabrication de la Chandelle et à ses nombreux consommateurs.

ROUEN.

IMPRIMÉ PAR D. BRIÈRE,

RUE SAINT-LO, N° 7.

1842.

MANUEL

PRATIQUE

DU

FONDEUR DE SUIF

ET DU

FABRICANT DE CHANDELLES,

Par M. Chaplot,

Fondeur et fabricant au faubourg Cauchoise (Rouen).

CONTENANT:

1° Pour un Millier à façonner les Mèches de Chandelles; 2° pour que Chandelier évitent la production des Chandelles;

RÉCOMPENSES

1. A l'Exposition des Produits de l'Industrie en 1839 ; 2° par la Société Industrielle de Rouen ; 3° par la Société d'Encouragement, pour l'Industrie nationale de Paris.

Tous les services inconnus jusqu'à qu'il a rendus à la fabrication de la Chandelle et à ses opérateurs concurrentes.

ROUEN,
IMPRIMÉ PAR D. DETERN,
RUE SAINT-LO, N° 7.

1849.

MANUEL PRATIQUE
DE
FONDEUR DE SUIF
FABRICANT DE CHANDELLES

CONSIDÉRATIONS GÉNÉRALES.

L'art que nous décrivons ici est un de ceux qui sont le plus en retard dans l'état actuel du progrès. La chandelle est souvent terne ou d'un blanc sale, à cause du peu de soin que l'on met dans la fonte du suif et dans sa conversion en chandelle; si l'on joint à cela une mèche plus ou moins proportionnée au suif qu'elle doit user, et, par une parcimonieuse économie, l'emploi de coton plus ou moins impropre à procurer une belle lumière : on comprendra facilement qu'avec de tels produits le consommateur se dépite et cherche dans les lampes le moyen d'être mieux éclairé. C'est ainsi que l'apathique insouciance des fondeurs de suif et des fabricants de chandelles a fait fleurir l'art du lampiste, bien que le mode d'éclairage par les lampes nécessite plus de dépense, et que les soins à prendre pour leur entretien occasionnent une plus grande perte de temps. Si la lumière est plus forte par suite du volume plus large de la flamme, elle est moins agréable à l'organe délicat de la vue, à cause des acides qui servent à épurer les huiles, lesquels, combinés, au moment de la combustion, avec les parties non épurées, produisent une lumière impure, qui, par un vacillement continuel de la flamme, irrite et fatigue la vue.

Déjà, à différentes époques, bien des auteurs ont publié leurs théories, basées sur celles des autres qui leur paraissaient les plus rationnelles, en les accompagnant de procédés exposés souvent avec talent, et qui sont depuis tombés dans le domaine public.

Mais, pour enseigner la manipulation, il ne suffit pas de faire de belles phrases, il faut encore enseigner l'économie dans la manière de travailler, au lieu d'apporter, par de longs et minutieux détails, des difficultés à un travail que les ouvriers trouvent déjà difficile, quoiqu'il soit des plus simples, parce qu'ils considèrent leurs habitudes routinières comme un principe auquel ils ne doivent jamais déroger, et parce que de vieilles prétentions, rouillées par le temps, se gravent trop facilement dans les idées étroites des apprentis, mis en garde contre les écrits, bons ou mauvais, par des hommes qui sont toujours disposés à blâmer ce qu'ils ont maladroitement essayé, et ce que, quelquefois même, ils n'ont pas essayé. Il y a des hommes qui sont ainsi faits, qu'ils sont portés à s'opposer à ce qui est nouveau pour eux, parce que toute indication, quelle que soit sa clarté, leur paraît ne pas pouvoir être mise en pratique. Quelques-uns de ces écrits, quoique inexécutables à leurs yeux, sont néanmoins de nature à apporter quelques améliorations, soit séparément, soit dans leur ensemble, parce que ce qui est développé en théorie appelle l'attention sur des moyens dont la pratique nécessite des recherches que ni le temps ni la capacité ne permettent d'atteindre, à moins de persévérance et d'application dans les essais; car il est nécessaire de répéter ces expériences pour en améliorer les résultats.

C'est ce principe, dont nous sommes pénétré, qui nous a conduit, après de nombreuses expériences, à faire les changements notables que nous proposons à nos confrères, changements qui conduisent à travailler mieux, plus vite, avec moins de fatigue et dans moins d'espace ; qui tendent, par conséquent, à l'économie et à la perfection. Il y a une de nos améliorations qui a pour effet d'empêcher le suif de se répandre pendant la fonte, ce qui pourrait occasionner un incendie, et tous les fondeurs de suif y sont exposés.

Eh bien ! la routine aveugle a tant d'empire sur certains hommes, qu'ils se contentent de lire ou d'entendre répéter un aussi bon moyen, sans chercher à le mettre en pratique. Ils peuvent pourtant compromettre leur fortune et celle de leurs voisins ! Ces hommes n'ont donc ni génie ni moralité.

Si, en négligeant nos autres procédés, on ne s'expose pas à perdre en un instant l'aisance, résultat d'anciennes veilles, on expose sa fortune future ; en ne suivant pas le progrès, on perd sa clientelle et sa considération. Il faut entrer franchement dans la voie des améliorations pour soutenir ou améliorer sa position.

On conçoit aisément que celui qui, saisissant et appliquant les perfectionnements ou améliorations des autres, livrera au commerce des suifs ou de la chandelle supérieurs à ses confrères, obtiendra la préférence sur celui qui, par négligence, entêtement ou ignorance, persistera à livrer à la consommation du suif et de la chandelle d'un blanc sale, terne ou mou, faute de cuisson ou d'addition de matières inférieures, telles que graisse de charcutier, etc. Ces spéculateurs font ainsi une concurrence nuisible au commerce par l'abaissement du prix, nuisible à l'industrie par la dépréciation des marchandises. C'est l'homme probe, l'homme du progrès, qui est appelé à faire cesser cet état de choses.

La fraude que nous venons de signaler n'est pas de nature à présenter une économie qui dépasse celle que procurent les moyens que nous indiquons. Les fondeurs ou fabricants de chandelles, redoublant d'énergie, joignant leurs procédés aux nôtres, livreront à la consommation des produits auxquels leur supériorité donnera partout la préférence. Voilà ce qu'il faut, de nos jours, pour acquérir la confiance et mériter la considération des consommateurs.

On nous a objecté que, malgré ces avantages, notre système n'atteindrait pas son but dans certaines contrées où le consommateur a la ridicule prétention que la chandelle jaune vaut mieux que la chandelle blanche. Cette prétention, ce nous semble, est autant et plus applicable à celui qui fournit qu'à celui qui brûle la chandelle. Celui qui fabrique mal a souvent besoin de ce ridicule pour masquer l'infériorité de sa marchandise ; ceux qui manquent des connaissances propres à leur profession se gardent bien de mettre le consommateur sur la voie de l'amélioration ; car rien ne serait plus facile à prouver qu'une proposition aussi évidente que celle-ci : le blanc est plus clair que le jaune. Si nos inventions et nos innovations nous ont valu quelque distinction de la part d'industriels, nos anciens confrères, en publiant leur approbation dans le *Journal de Rouen*; si la Société d'Emulation de Rouen nous a décerné une médaille d'encouragement ; si la Commission Départementale de Rouen pour l'admission des produits à soumettre à l'exposition de 1839 nous a admis avec une note des plus honorables; si le Jury Central de l'exposition de 1839 nous a accordé une médaille d'encouragement; enfin, si la Société d'Encouragement pour l'industrie nationale de Paris nous a décerné une de ses récompenses, c'est que ces notabilités industrielles ont reconnu dans le travail par nos procédés des économies qui tournent au profit de la fabrication, et, en définitive, en faveur du consommateur. — (Voir, pages 21 et suivantes, les différents rapports qui ont été faits à ce sujet).

Il n'est malheureusement que trop vrai que

tous ceux qui connaissent ces procédés et qui ne les mettent pas en pratique sont rouillés par la plus fatale routine. Nous ajouterons qu'ils ne méritent par la considération qu'on leur accorde, et nous pouvons leur prédire que leur apathie sera suivie d'un juste abandon.

Nous pensons, sans vanité, que les nouveaux possesseurs de nos procédés regretteront, soit d'en avoir retardé l'acquisition, soit de ne pas les avoir connus plus tôt, et que les uns et les autres nous paieront leur tribut de reconnaissance en nous accordant la préférence pour les cotons à chandelles; reconnaissance qui, en définitive, tournera à leur avantage, en les mettant à même de se procurer des cotons d'une qualité plus propre à la combustion et d'un prix plus modique. Nous devons l'avouer avec franchise, peu de fabricants ont, jusqu'alors, tiré du métier et des procédés que nous indiquons tout l'avantage que l'on peut en obtenir, et se sont contentés de la supériorité qu'ils obtenaient d'abord, sachant bien qu'ils pouvaient faire mieux et plus. On s'explique difficilement cette indifférence; pourquoi, la dépense faite, n'en pas tirer tout le bénéfice possible? Pourquoi ne pas chercher à se distinguer par des produits supérieurs, qui tournent toujours au profit de l'innovation, en s'attirant la vogue et la considération, la considération même de ceux avec lesquels on n'est pas en rapport? Ne voit-on pas partout des hommes se faire une honorable position même avec une faible aisance, et cela, parce qu'ils ont marché en tête de leur profession? Et pourquoi n'y verrait-on pas parvenir un fabricant de chandelles, qui peut, par ses soins, apporter, autant et même plus que tout autre, une grande amélioration qui serait favorable à la société, en livrant à la consommation une chandelle dont la lumière, douce et pure, soit en harmonie avec l'organe délicat de la vue. C'est assurément une amélioration de première nécessité, qui mérite, à juste titre, la considération générale. Eh bien! il paraît que l'on ne sent pas l'avantage d'une évidence incontestable. Qu'y a-t-il donc, dans cette profession, qui puisse entraver la marche progressive suivie dans les autres arts? Voilà ce que nous nous sommes souvent demandé en discutant avec des hommes d'un jugement qui paraît sain; avec des hommes dont le langage ferait croire qu'ils veulent à toute force sortir de l'ornière dans laquelle ils ne se croient pas plongés; avec des hommes qui se permettent hautement de traiter tels ou tels de pessimistes; avec des hommes qui font même des dépenses de temps et d'argent pour atteindre la perfection. Mais le mauvais moyen qu'ils emploient fait regretter ces sacrifices de leur part ; ce qui les porte à répondre aux assertions les plus positives : « On a vu tant de choses, belles en perspective, qui se sont écroulées, que l'on ne doit pas avoir confiance en ce qui est annoncé. » Cela vient de ce que leurs idées, en industrie, plus ou moins étroites, les ont égarés, et les font ensuite reculer devant toute évidence.

Mais nous ne disons pas : « Faites des expériences ; » nous disons : « Appliquez nos procédés de fabrication, et profitez des expériences d'un travail assidu, dont les résultats ont été soigneusement recueillis. » Nous ajoutons : « Si le métier que nous offrons ne permet pas de tailler, couper, rouler, espacer cent broches de mèches par heure de travail, le métier restera pour notre compte. » Nous sommes autorisé à donner cette assurance, ayant reçu de beaucoup de nos acheteurs des attestations qu'ils dépassaient ce nombre et atteignaient celui de cent cinquante, que nous-même dépassons ; les visiteurs convenaient avec nous que la célérité et la perfection marchaient de pair dans notre invention.

Nous avons reçu chaque fois, en faisant manœuvrer notre métier, les marques de satisfaction les plus flatteuses ; nous avons même reçu l'ordre verbal de fournir un et plusieurs métiers ; puis, le bandeau routinier soulevé pour un moment, venant à retomber, étouffait le germe industriel qui était près de sortir ; alors on nous retirait la commande en disant : « J'en prendrai, mais je veux attendre. » Nous le disons encore une fois, il est inconcevable que des hommes aptes au commerce, qui ont l'orgueil naturel d'une position distinguée, soient dans une erreur semblable. Car, souvent, des hommes qui ne savent ni lire ni écrire apportent dans leur profession des améliorations qui leur sont suggérées par le génie naturel. Nous citerons les bûcherons, si habiles à choisir les outils qui servent à confectionner plus vite et avec le moins de fatigue possible. Le sabotier donne à ses sabots de l'élégance, de la légèreté ; il en varie la forme pour flatter l'acheteur. Eh bien ! l'on établit d'une manière incontestable à un fabricant de chandelles qu'on a trouvé le moyen de se dispenser de tailler la mèche à la main, travail aussi long qu'ennuyeux, et nuisible à la lumière que l'on obtient d'une chandelle ; on lui prouve que cette suppression de travail peut lui rapporter par année une économie de 50 à 500 fr. et plus, économie qui lui permettra de faire beaucoup mieux, et par conséquent d'ajouter à sa considération. Alors cet industriel sourit à cet avantage en demandant : « Combien ? » Mais quand on a répondu 200 fr., il faut voir se rembrunir le physique riant de l'interlocuteur, qui se récrie : « Je n'ai pas besoin de votre service ; 200 fr. pour un métier à mèches ! c'est là une folie que je ne ferai jamais. » Que dire de cette réponse et que penser d'hommes qui refusent 500 fr. de rente pour 200 fr. une fois payés ? Ces hommes sont incontestablement atteints d'une paralysie industrielle qui entraîne avec elle celle de la raison. En voici la preuve : Dans le débat, ils apprennent qu'il y a un privilége de dix ans, et, malgré toutes les observations qui démontrent la fausseté de leurs calculs : « Dans dix ans, disent-ils, on ne le vendra plus que 100 fr. »

Ainsi, l'homme qui cherche dans une multitude de petites affaires les moyens de se créer une aisance ne veut pas faire l'avance d'une somme de 200 fr., pour réaliser des bénéfices cent fois plus productifs que toutes les opérations auxquelles il se livre, il se fera autant prier dans dix ans pour verser 100 fr., et pendant dix ans il se sera privé d'un avantage de 5 à 600 fr. par an. On pourrait regarder ce que nous rapportons comme fabuleux, tant cela paraît étrange de nos jours. C'est cependant là le langage que l'on nous tient tous les jours, tant à nous qu'à nos représentants, à nos représentants surtout, et cela partout; ce qui nous fait dire : « Qu'y a-t-il donc d'extraordinaire dans cet art ? »

Certaines personnes ont considéré ces vérités, sévères, il est vrai, comme offensantes pour le corps des fondeurs de suif et des fabricants de chandelles. Une pareille supposition est assurément bien loin de notre intention ; ceux qui peuvent le penser ne sont des gens ni justes ni progressifs, et, sanss'en douter, ils remplissent le rôle des oppresseurs de l'ancien régime, qui, par l'autorité des majorats, repoussaient les hommes ingénieux qui apportaient des améliorations dans leurs arts, prétendant que ce bienfait était un préjudice à leurs priviléges ; ceux-là chassaient les hommes de bien à cause de leur supériorité ingénieuse. Cette calamité publique était soutenue par des réglements rigoureusement observés ; ces réglements, les persécutions qui en étaient la suite, sont tombés aux acclamations de tous. De là, le génie industriel a pu s'étendre ; mais, malheureusement, plus d'un demi-siècle après, on remarque encore que la fatalité dont nous avons parlé est venue cette fois dominer la majorité des industriels. Ceux-ci sont plus coupables que les possesseurs de priviléges, parce que ces derniers soutenaient leurs intérêts, tandis qu'aujourd'hui ce sont ceux qui étaient appelés à profiter des découvertes des hommes prévilégiés par la nature qui laissent mourir d'inanition ces mêmes découvertes, qui devaient augmenter leur avoir et leur considération, en propageant les moyens d'économie qui leur sont proposés. Ils sont bien coupables, ceux qui s'offensent du bien qu'on veut leur faire en changeant des usages rouillés par le temps ; leur vanité d'enfant se trouve aux prises avec leurs intérêts, et, pour entraver le mieux qu'ils n'ont pu atteindre, ils s'attachent à blâmer ce qu'ils ne comprennent pas, afin de porter préjudice aux hommes utiles.

Ces gens-là pourraient se diviser en trois classes :

Dans la première se trouvent des hommes de génie et d'éducation, dont la vaste imagination peut mener à fin des inventions importantes, en organisant des systèmes de fabrication nouveaux; ces hommes sont en petit nombre.

En seconde ligne nous placerons ceux qui ont du génie sans éducation, et dont l'imagination n'est pas assez vaste et l'esprit assez sûr pour créer des systèmes nouveaux, ni pour organiser leurs moyens d'exécution, mais qui sont capables de faire des changements réels qui apportent de grandes améliorations dans les machines existantes ; cette classe est assez nombreuse.

Au troisième rang sont les hommes dont l'imagination lente n'est pas susceptible d'une vaste pensée, mais qui sont doués d'une habileté dont ils font une heureuse application aux choses qu'ils observent, parce qu'ils possèdent un tact assez sûr pour exécuter ce qu'ils conçoivent, pour corriger même les imperfections qui se rencontrent dans les plus hautes conceptions ; ils trouvent le moyen de surmonter les difficultés qu'ils rencontrent dans le cours de leurs travaux, à l'aide de petites inventions qui leur sont nécessaires pour donner la perfection à leur ouvrage.

Nous avons dit que l'art du fondeur de suif et du fabricant de chandelles était incontestablement en arrière ; nous n'avons pas entendu parler de la fabrication des suifs et bougies de suifs stéariques, en faveur desquelles nous citerons le rapport suivant sur l'exposition de 1839:

« Dans le voisinage des produits chimiques se trouve exposée une multitude de bougies de diverses usines. Avant la belle analyse des graisses par M. Chevreul, on ne connaissait guère, pour moyen d'éclairage, que l'huile, la chandelle vulgaire, la cire, la bougie, le sperma-céti ou blanc de baleine, et aussi la résine de pin, dont on faisait un grand usage dans les veillées des habitants de nos provinces de l'Ouest, la Basse-Normandie et la Bretagne.

» M. Chevreul trouva donc le moyen d'extraire du suif l'acide stéarique, et voilà quelle substance sert aujourd'hui à la confection de cette immensité de bougies, peu chères, dont il se fait parmi nous une aussi grande consommation. On peut bien dire que la Société de l'Etoile, ou du Phénix, du Soleil, Royale et dix autres, emploient seules une grande partie du suif disponible en France; elles nous le font brûler en bougie. Cette bougie nouvelle, qui fait un si grand tort à la cire, dont elle admet à peine 3 pour 100, est blanche, *lustrée*, belle à voir, et brûle avec éclat, sans ondulation, sans étincelles, et ne coule jamais; et d'ailleurs, l'extrême concurrence dont cette industrie récente a été l'objet a aussitôt suggéré des améliorations importantes, que la vieille fabrique eût long-tems ignorées. Ainsi, aujourd'hui, on tresse avec soin la mèche, et l'on s'imaginerait difficilement combien cette modification simple augmente la durée des bougies et donne d'intensité calme à la flamme, parce qu'elle fait incliner, et promptement incliner, l'extrémité de la mèche; elle l'empêche, en outre, de se couronner d'un chapeau qui voilerait la lumière et renverrait toute la chaleur vers la cire.

» Le prix de cette bougie, fort inférieur, comme de raison, à celui de la bougie de cire , est, en général, proportionné à la quantité d'acide stéarique qu'on retire maintenant du suif. Or, on n'est encore parvenu à extraire que 45 à 50 parties de cet acide sur 100 parties de suif. Mais on finira vraisemblablement par en retirer 67 pour 100, et la bougie d'acide stéarique, que l'on vend aujourd'hui de 1 fr. 45 c. à 1 fr. 65 c., ne vaudra plus que 90 c. à 1 fr.; et ce sera alors qu'on renoncera universellement à faire usage de chandelle, ce qui ne sera pas un grand malheur. Quand on en sera là, le résidu de cette bougie, je veux dire l'acide oléique du commerce, qui maintenant se trouve mêlé à une assez grande quantité d'acide stéarique pour servir à confectionner le savon médiocre, ne pourra plus fournir matière qu'à du savon détestable. Voilà comment la bougie, objet de luxe, finira par faire renchérir le savon, objet de première nécessité; c'est ainsi que le bien-être accru des classes aisées a souvent pour conséquence d'augmenter la gêne du pauvre.

» Quant à la durée, aux avantages et à l'économie des divers moyens d'éclairage, il est aisé d'en juger d'après le degré de chaleur auquel doit fondre chaque substance employée (l'on cepte l'huile). Le moyen le plus parfait est celui qui exige le plus haut degré de chaleur.

Ainsi, le suif de chandelle passe à l'état de fusion avec une chaleur de ... 34 à 36 degrés.
» La poix-résine, à près de 44
» Le sperma-céti ou blanc de baleine 44
» L'acide stéarique de la bougie nouvelle 55
» La bougie de cire 68
» L'acide stéarique pur 70

» La bougie des sociétés rivales n'est pas encore composée d'acide stéarique pur à beaucoup près. Pourtant, l'on peut dire qu'elle est fort belle et d'un bon usage. Une de ces entreprises, qui toutes prospèrent, a eu l'heureuse idée d'exposer, cette année, un buste de M. Chevreul, bien que cet habile chimiste, nonobstant le concours d'un autre savant illustre, n'ait su exploiter qu'imparfaitement son invention personnelle, que M. Demilly a le premier mise à profit. Cela rappelle que le célèbre économiste J.-B. Say, associé à M. Clément pour l'exploitation des alcools, ne réussit point dans cette entreprise, tandis que de francs ignorants, à la suggestion de ces deux hommes distingués, et malgré leur exemple, s'enrichissent avec la même industrie.

» En général, la science conseille mieux qu'elle n'exécute ; une habile main accompagne rarement une tête inventive. Cela se voit néanmoins, mais la chose est rare. Beaucoup d'obstacles s'opposèrent, dans l'origine, à la confection de cette bougie nouvelle. J'ai déjà dit les inconvénients des mèches.

» M. Cambacérès est celui qui le premier parvint à les combattre et à les maîtriser, en nattant les fils de coton. Or, cette invention, si simple ultérieurement, créa matière à un procès où il s'agissait de plusieurs millions. Une autre difficulté puissante provenait de l'acide stéarique, qui, très-enclin à se cristalliser, rendait la bougie comme aborescente, la gerçait même et la rendait friable.

» On a mêlé d'abord de la cire à l'acide stéarique, mais cela augmentait le prix du nouveau produit, qui manquait ainsi le double but de l'économie et de la nouveauté. On recourait ensuite avec succès à l'acide arsénieux ; mais alors les lieux éclairés par cette bougie devenaient insalubres, et, à cette occasion, la police sanitaire crut devoir intervenir. On renonça donc à l'acide, dont des assemblées entières avaient ressenti les effets nuisibles, un nouveau procédé remplaçant l'autre.

» Enfin, et ce dernier obstacle parut longtemps insurmontable ; de la chaux se trouvant toujours mêlée à la stéarine, cette chaux s'attachait à la mèche, la grossissait outre mesure, formait des grumeaux et obscurcissait la flamme. Quel remède à cela? Eh bien ! encore, l'admirable science, dont médisent tant d'ingrats qu'elle éclaire, surmonta cette nouvelle difficulté, et voici de quelle manière : on trempa les fils de coton dans l'acide boracique, et c'est ce procédé qu'on suit encore ; à mesure que la chaux se présente à l'extrémité brûlante de la bougie, l'acide boracique saisit la chaux et se combine avec elle ; or, comme ce borate de chaux est fusible au même degré de chaleur que l'acide stéarique, il se mêle à ce dernier pendant que la bougie brûle, et l'on ne peut même discerner les globules hétérogènes qu'avec le secours d'un verre grossissant.

» En voilà bien long sur la nouvelle bougie ; mais, en vérité, elle le mérite bien, tant l'invention a été laborieuse et aura de rejaillissement sur d'autres industries. C'est une des plus importantes acquisitions du siècle. »

Dans le rapport précité, on constate que l'on ne peut encore retirer que 45 à 50 pour 100 de stéarine, et que, probablement, l'on finira par en retirer 67. Après diverses expériences sur l'oléine extraite de la stéarine à 50 pour 100, nous n'avons pu trouver la moindre partie de matière solide, pas même pendant les fortes gelées de 1841.

Cela se conçoit; quand d'aussi habiles chimistes que ceux qui commandent ou dirigent ces établissements n'ont pu trouver que de 45 à 50 pour 100, comment justifier à l'avance que l'on finira par en obtenir 67 ? A-t-on entendu que l'on pourrait faire de la bougie stéarique en n'extrayant que trente-trois parties d'oléine ? Dans ce cas, la bougie serait moins belle et moins bonne : moins belle, parce que l'opération chimique qui divise les deux corps rougit l'oléine par l'action de la chaux et de l'acide sulfurique que l'on emploie; moins bonne, parce qu'elle est moins pure. Les habiles fabricants de ces bougies ne tentent pas de produire plus, et par conséquent à meilleur marché. Les bougies qui ont été établies sur le pied de 67 pour 100 n'ont pas rempli le but; la nuance, la fusibilité, la lumière sombre et voilée de ces bougies les ont fait rejeter. Par la modicité du prix de la chandelle, la bougie n'est pas encore parvenue à la détrôner ; la bougie, étant un objet de luxe, ne présente d'avantages qu'à la classe aisée, en portant préjudice aux intérêts des classes moyennes et nécessiteuses ; non-seulement, comme il est dit au rapport, dans la fabrication d'un savon détestable, mais encore pour le prix de la chandelle, qui augmenterait d'autant plus qu'il serait fait de bougies, puisque, d'une part, cinquante parties de stéarine forment des bougies qui remplacent celles de cire ; les cinquante autres parties d'oléine s'emploient à imprégner les laines, draps, etc. Donc la masse des suifs employés à la fabrication des bougies stéariques est autant de pris sur les produits qui servent à alimenter la fabrication de la chandelle, de sorte que nous devenons tributaires de l'étranger pour cette quantité, puisque la France ne peut fournir assez de suif pour sa consommation.

RAPPORTS
DES
SOCIÉTÉS INDUSTRIELLES
QUI ONT STATUÉ SUR LE MÉTIER.

SOCIÉTÉ LIBRE D'ÉMULATION.

Rouen, le 6 juin 1839.

Messieurs, votre Commission s'est transportée chez M. Benoist, rue Damiette, n° 12, pour examiner un métier destiné à confectionner les mèches de chandelles. Ce métier est composé d'un bâti supportant deux planches revêtues d'une basane, sur lesquelles sont placés les fils de coton ; ces planches, recouvertes par deux autres, également revêtues de basane, sont appelées horizontalement en sens opposé, et donnent au coton la torsion qui lui est nécessaire ; les fils sont coupés par un couteau de forme triangulaire, mu par une corde sans fin glissant sur des poulies.

Il résulte de l'examen de votre Commission que le métier de M. Benoist offre l'avantage :

1° D'obtenir en une heure la quantité de

mèches nécessaire à la confection de 100 kilogrammes de chandelles;

2° De réduire la main-d'œuvre;

3° De produire des mèches dont la torsion uniforme permet d'obtenir une clarté plus grande;

4° De donner des mèches taillées uniformément, ce qui dispense de les retailler et évite un déchet dont nous n'avons pas tenu compte dans l'évaluation ci-dessus.

Par ces motifs, la Société décerne à M. Benoist une médaille de bronze.

Jury Central (Exposition de 1839).

29 juin.

Au moyen de la machine exposée par M. Benoist, les mèches de coton destinées aux chandelles sont dévidées des bobines, pliées, doublées, enfilées sur des baguettes, puis coupées à la longueur voulue, et enfin roulées et légèrement tordues. Vingt-quatre mèches sont ainsi faites rapidement et à-la-fois, avec une régularité et une perfection qu'on ne peut attendre du travail à la main. La machine de M. Benoist est des plus simples, presqu'entièrement construite en bois; elle a néanmoins dans ses

— 24 —

effets toute la précision désirable. Il est à regretter qu'on ne puisse décrire ici les moyens ingénieux qu'a inventés l'auteur, en présence des différents problèmes que lui présentait à résoudre l'exercice de son industrie.

Le Jury, considérant que la machine à façonner les mèches de chandelles doit abréger cette opération des trois quarts au moins, en même temps qu'elle lui donne un degré de perfection nouveau; que cette réduction dans les frais de façon doit, en définitive, se faire sentir dans le prix final de vente, et constitue ainsi un avantage pour les nombreux consommateurs de ce luminaire, accorde à M. Benoist la médaille de bronze.

SOCIÉTÉ D'ENCOURAGEMENT
POUR L'INDUSTRIE NATIONALE DE PARIS.
PREMIER RAPPORT.
Séance du mercredi 15 Juillet 1840.

M. Amédée Durand, au nom du Comité des arts mécaniques, lit un rapport sur le métier à façonner les mèches de chandelles de M. Benoist.

M. le rapporteur établit que M. Benoist a fait une chose d'utilité publique, en construisant un métier qui procure le double avantage de l'économie et de l'amélioration de la qualité dans l'un des éléments de la chandelle ordinaire, objet de première nécessité des classes ordinaires et nécessiteuses.

Le Comité des arts mécaniques soumet à l'approbation du Conseil les propositions suivantes :

1° De figurer et décrire dans le *Bulletin* le métier de M. Benoist ; 2° de renvoyer le rapport à la Commission des médailles ; 3° de l'insérer dans le *Bulletin*.

Le Conseil adopte le rapport et en approuve les conclusions.

DEUXIÈME RAPPORT.

Séance du 12 Août 1840.

Les moyens mécaniques mis en œuvre par M. Benoist sont des plus simples ; nous nous bornons à en faire ressortir le mérite.

Par son emploi, toutes les opérations multiples qui précèdent l'immersion de la mèche dans le suif, et qui étaient faites à la main, sont supprimées ; celles qui ont pour objet de doubler le coton, le tordre, le couper, l'enfiler avec espacement régulier sur des baguettes, sont obtenues avec facilité, précision et célérité, sans le secours d'aucun apprentissage. Ce qu'on remarquera particulièrement dans cette machine est, d'abord, le moyen très-simple employé pour opérer uniformément, sur vingt-quatre mèches à-la-fois, la torsion que réclame le coton, et ensuite le jeu du couteau qui tranche toutes ces mèches en une seule passe.

Le service incontestable rendu à la fabrication de la chandelle par M. Benoist n'est pas le seul mérite que présente sa machine ; il s'y en rencontre un non moins grand dans l'exemple qu'il a fourni de la possibilité de construire avec des éléments ordinaires une machine qui satisfait à des conditions nombreuses et d'une difficulté réelle.

Par tous ces motifs, la Société décerne à M. Benoist une médaille d'argent.

Rapport des Possesseurs du Métier.

(*Journal de Rouen* du 14 octobre 1839.)

« Nous nous plaisons à signaler les avantages à retirer de l'emploi du métier à couper les mèches de chandelles inventé par M. Benoist. Chacun a été à même d'apprécier combien était lente la taille des mèches à la main. Le métier pour chandelle-baguette supprime cette longue et ennuyeuse besogne. Les fabricants de chandelles trouveront dans son usage une économie de temps en faisant mieux ; le consommateur y trouvera aussi son avantage, car la lumière que projettent les chandelles faites avec des mèches fabriquées au métier est plus vive et plus pure que celle des chandelles faites avec des mèches à la main ; à tel point qu'il est constaté qu'une chandelle des dix au demi-kilogramme, ayant une mèche faite au métier, rivalise avec avantage contre une des huit des secondes ; ce qui donne une économie matérielle d'un cinquième.

Ces observations suffisent pour engager les consommateurs à s'assurer par eux-mêmes des avantages de la découverte de M. Benoist, qui est aussi breveté pour l'invention d'un petit appareil dispensant de moucher les chandelles, et les faisant éclairer sans oscillation ni fumée.

PROCÉDÉS.

CHAPITRE PREMIER.

Appareil évitant la mouchure des Chandelles.

Avec cet appareil, on évite la mouchure de la chandelle, même celle ordinaire du commerce ; on obtient une flamme plus régulière, exempte de l'oscillation continuelle qui existe dans toutes les chandelles, et même dans la bougie.

Cette oscillation irrite la vue et la fatigue ; aussi, avec une chandelle de beau suif blanc et sec, une mèche de bon coton bien proportionnée aux besoins de la combustion, obtient-on une lumière plus belle que celle des lampes, en ce qu'elle est plus agréable à l'organe délicat de la vue.

Désormais, les personnes qui se servent de chandelle pourvue du chandelier évitant la mouchure peuvent se livrer entièrement à leur occupation, étant dispensées de moucher la chandelle ; ce qui est un embarras et une interruption de travail, interruption d'autant plus gênante qu'elle se répète souvent et que, malgré le plus grand soin, il s'échappe toujours des mouchettes une odeur désagréable et malsaine. En outre, la mèche se trouve parfois coupée trop court, c'est-à-dire que l'on a coupé au-dessous du coton consumé ; l'on a serré les cotons, fermé en quelque sorte les tubes alimentaires de la combustion, par conséquent diminué l'élévation du liquide, d'où vient l'interruption dans la clarté au point qu'elle paraît quelquefois s'éteindre. Le réservoir formé au pied de la mèche se trouve rempli en même temps que les tubes dont nous venons de parler s'obstruent ; la flamme ne reprend sa vigueur que lorsqu'il y a eu épanchement du liquide amassé ; il y a donc interruption dans le travail ou dans les idées.

Ce système s'adapte aux lanternes, et les ouvriers qui s'en servent peuvent se livrer avec aisance et sécurité à leur travail, puisque la chandelle brûlera régulièrement pendant toute sa durée, la lanterne n'ayant besoin d'être ouverte que pour renouveler la chandelle, c'est-à-dire toutes les cinq ou six heures ; c'est donc une grande sécurité pour les chefs d'établissements qui font travailler à la chandelle dans les lieux où les dangers du feu sont à craindre.

On serait naturellement porté à croire qu'une

chandelle inclinée doit couler ; elle ne coule que dans les cas que nous avons développés, soit par rapport à la mèche, soit par rapport au suif. Une mèche même de beau et bon coton, dont la proportion ne serait pas en rapport avec le suif, surtout lorsqu'elle est trop forte, coule encore quand on la mouche, à cause du retard qu'occasionne la mouchure dans l'élévation du suif en combustion.

Ce procédé consiste dans l'inclinaison de la chandelle.

CHAPITRE II.
Remarque sur la combustion des Chandelles.

Dans une chandelle abandonnée à elle-même, on voit à la base de la flamme une petite partie d'un bleu sombre qui s'amincit à mesure qu'elle s'éloigne de la mèche, et disparait entièrement là où la surface extérieure de la flamme s'élève verticalement ; au milieu de la flamme est un espace obscur qu'on aperçoit au travers de l'enveloppe brillante. Cet espace renferme les gaz émanés de la mèche, lesquels, n'étant pas en contact avec l'air, ne peuvent se consumer. Autour de cet espace est la partie brillante de la flamme ou la flamme proprement dite ; enfin, au dehors de celle-ci, on aperçoit, en regardant attentivement, une dernière enveloppe peu lumineuse, dont la plus grande épaisseur correspond au sommet de la flamme brillante. C'est dans cette partie extérieure que la combustion des gaz s'achève et que la chaleur est la plus intense.

La limite supérieure de la flamme bleue est le lieu du maximum de chaleur; c'est là que la chaleur rencontre l'air encore chargé de tout son oxigène.

L'on conçoit aisément que si une chandelle d'un coton sec, d'un suif épuré, laisse au milieu de la flamme un espace obscur, il doit en être de même, à plus forte raison, pour les chandelles ordinaires, dont les mèches faites à la main sont plus ou moins sèches, selon la manière d'opérer des coupeurs, lesquels, pour la plupart, mouillent leurs doigts à chaque mèche ou les enduisent de résine, etc. Joignez à cela que, pour satisfaire au besoin d'une fabrique moyenne, on taille les mèches d'avance, on les dépose provisoirement sur les barcs de la boutique, en plein air, à la poussière, à l'humidité, et on les transporte ensuite soit dans la fonderie, soit dans quelques appartements voisins, où elles reçoivent de nouveau les atteintes de l'air, de la poussière ou de l'humidité dans les changements d'atmosphère, et sont exposées à la fumée du fourneau, à la buée du suif. Quelques gens qui se disent soigneux mettent autour du barc une tenture circulaire en papier de la hauteur des mèches; après cette précaution, ils ont la conviction d'avoir paré à l'inconvénient qu'il y a de laisser le coton prendre l'humidité. On sent donc la nécessité d'avoir du coton propre et sec quand on prend de tels alentours; il faut être pourvu d'idées bien étroites pour croire qu'avec de semblables précautions on atteint son but. Oui, pour obtenir une belle lumière, il faut du coton propre et sec. Exemple : Dans presque toutes les chandelles, même dans celles de suif blanc et sec, on remarque une flamme terne plus ou moins obscure, selon le plus ou le moins de soin qui a été mis dans la confection des mèches. Le fabricant de chandelles doit reconnaître que des reproches journaliers qu'il reçoit sur la chandelle ne lui sont attirés, pour la plus grande partie, que par le peu de soin mis à la confection des mèches.

Il a été découvert un moyen aussi favorable à la célérité qu'à la perfection, puisqu'il supprime la taille des mèches à la main et même la retaille. — Avec ce métier, on peut faire autant de brochées de mèches que le premier ouvrier peut en espacer de celles qui ont coûté un temps infini à couper une à une et à retailler par broches ou par poignées, ou pour les brûler; ce mode est plus prompt que le premier, mais il ne fait qu'augmenter l'humidité et ternir la mèche. Résister devant de telles évidences, c'est avouer que l'on possède peu l'amour-propre de sa profession, et qu'une routine aveugle vous retient dans l'erreur. Ainsi, tel fabricant de chandelles à qui le métier à mèches peut économiser un ou deux garçons, économie de 6 à 700 fr. par année, trouve que le métier est trop cher pour en faire l'acquisition, objectant que la chandelle ne rapporte pas assez de bénéfice Ainsi, 200 fr. une fois payés, représentant 10 fr. d'intérêts, sont trop pour s'assurer 600 fr. de rentes! C'est donc là un système d'économie que repousse l'économie réelle.

Ce langage n'a pas besoin de commentaires. A ceux qui le tiennent il n'y a pas lieu de reprocher qu'ils manquent de génie industriel; on aurait bien tort de leur représenter que la confiance que le consommateur accorde à son fournisseur peut lui procurer souvent une aisance honnête, et que, pour son argent et sa considération, il a droit d'exiger de bonne marchandise. Aucune représentation ne leur ferait comprendre que si la nature n'a donné le génie d'invention et de perfection qu'à certains individus, ceux qui composent la société industrielle et mercantile sont appelés à répandre les améliorations des autres, afin d'en faire profiter la société, et que, si l'inventeur a le mérite de l'invention, le propagateur a celui d'en faire l'application. Mais n'est-ce pas dans les genres d'industrie qui rapportent le moins de bénéfice qu'il faut apporter le plus d'économie? Et l'économie, base essentielle de l'industrie, ne consiste-t-elle pas à abréger le travail, à amoindrir la peine et à perfectionner les produits? Tel était notre but, tel est le résultat de nos découvertes et de nos veilles.

CHAPITRE III.

Des Suifs de boucherie.

Les suifs de boucherie se livrent aux fondeurs et aux fabricants de chandelles, soit en branches, soit en pain, selon la coutume des localités; mais, dans l'un et l'autre cas, l'acheteur est presque toujours trompé. Dans les suifs en branche, les morceaux de graisses huileuses plus ou moins nombreux, appelés dégras, sont de nature à faire tourner les suifs propres que l'on y mélange, parce que non-seulement il y a des morceaux qui ne sont que membranes et chair, mais encore parce qu'il s'en trouve de sales et d'humides, surtout dans les dégras et le péricarde (avant-cœur). Jetée en cet état au fond d'un panier, cette partie communique à l'autre son humidité; la concentration fait échauffer le tout et produit sur le suif, en fondant, une mousse qui quelquefois s'élève de manière à faire craindre qu'il ne déborde, se perde et occasionne un incendie; ce suif n'est jamais ni blanc ni dur. Les suifs en pain ont aussi leur inconvénient : les bouchers, pour avoir plus de facilité à ployer ce pain, et dans la crainte de perdre un peu du poids provenant de l'humidité que contient le suif, enveloppent les premiers morceaux jusqu'à ce que tout soit prêt; alors, pendant qu'il est encore tout chaud, ils étendent ce qu'on appelle vulgairement la taic (épiploon), jettent par dessus le ganglion (chodin), duquel certains bouchers ne se donnent pas la peine de retirer ce qu'ils appellent le boyau gros, se contentant de l'ouvrir pour en faire sortir l'excrément, ni de retirer le riz, qui est le plus susceptible de mauvaise odeur, parce que c'est la partie la plus tôt gâtée. Ensuite ils jettent sur les autres morceaux les rognons, ou graisse des reins; puis le péricarde (avant-cœur), qui rougit plus ou moins ces morceaux, selon qu'il est lui-même plus ou moins ensanglanté. Lorsque les parties de suif sont réunies, ainsi que bien d'autres encore détachées de l'intérieur de la bête, on roule le tout ensemble pour former le pain, qui est plus ou moins bien ployé, selon l'habitude de l'ouvrier. En été, en temps mou, les parties humides, le sang qui s'y trouve renfermé, font tourner immédiatement en putréfaction, et présentent à la fonte les difficultés et désagréments indiqués plus haut. Cette conduite déloyale fait que partout l'autorité locale considère l'exhalaison que produisent nos fontes comme insalubre, désagréable et dangereuse. En faveur de notre profession, nous avons cru trouver un moyen du moins très-palliatif, en prouvant à l'autorité que les exhalaisons dont on se plaignait n'étaient que le résultat de la fraude et du mauvais vouloir des bouchers. Le bon accueil qui nous fut fait nous a prouvé que les tracasseries de la police envers les fondeurs n'étaient que le résultat de plaintes réitérées contre les exhalaisons de la fonte, et que la demande que nous formions pour obtenir que les bouchers livrassent leurs suifs exempts de sang, de chair, etc., ne pouvait donner lieu à un arrêté de l'autorité; que c'était du ressort de la police; qu'il fallait, lorsqu'il était livré des marchandises inférieures, appeler la police, faire constater la fraude et confisquer la marchandise. Tel était le droit ; mais, pour arriver à cette rigueur, il en coûte moralement. Ensuite si, par tolérance ou pour s'attirer les bouchers, nos confrères, n'eussent pas agi de même, le but aurait été manqué, et nous nous serions trouvé sans marchandise, étant en lutte avec les bouchers, qui considèrent leur fraude comme un droit naturel. Ces difficultés, l'état de saleté de l'ensemble du pain de suif, en branches, toujours nuisible à la bonne confection, nous firent prendre une résolution qui pouvait nous être préjudiciable : nous nous adressâmes d'abord aux plus loyaux, aux gens avec lesquels nous travaillions depuis longtemps ; nous ouvrîmes plusieurs fois en leur présence les pains de suif qu'ils nous apportaient, en leur faisant remarquer que la perte qui résultait du mauvais état de ces suifs n'était qu'une perte pour nous, sans leur être avantageuse, puisqu'il n'y avait presque que l'enveloppe du cœur qui causait la corruption du suif.

La même observation réitérée fit que nous obtînmes de deux bouchers, dans une semaine, qu'ils nous apportassent à part et sec le péricarde (l'avant-cœur). Ces deux-là nous l'ont fait obtenir des autres ; la réussite n'a été complète que bien long-temps après. Néanmoins, nous sommes arrivé à une notable amélioration : l'enveloppe du cœur se trouvait précédemment plus ou moins ensanglantée, selon la manière plus ou moins adroite de l'ouvrier qui l'extrayait du corps de la bête. Nous avons appris que, pour extraire cette partie, ceux qui commencent par détacher la gorge renversent le sang autour de l'enveloppe et dedans; tandis qu'il faut, au contraire, commencer par détacher l'enveloppe et terminer par la gorge, l'enlever dans cette position, tenue au crochet; avant que le sang ait eu le temps de se coaguler, il s'égoutte et se nettoie parfaitement. Ce moyen vaut mieux que le lavage, qui amollit cette partie membraneuse, qui reste toujours spongieuse.

Les résultats de la fonte donnent un suif plus blanc, parce que tous les inconvénients que nous venons de signaler le rendaient inblanchissable. A Paris, les fondeurs nettoient entièrement les suifs des corps étrangers et s'en font tenir compte. Ne vaudrait-il pas mieux ne pas le recevoir des bouchers à moins que ce travail fût fait par eux ?

CHAPITRE IV.

Fourneau.

Chacun sait que les fourneaux se construisent en briques et argile ; le foyer doit être de tuile ou tuileau ; un foyer en fonte est de plus grande durée et fait réfléchir davantage la chaleur. Selon l'élévation que l'on veut donner au fourneau, on établit un massif sur lequel on commence le cendrier, qui est en carré long variant selon l'importance du fourneau. Les barreaux composant la grille qui sépare le cendrier du foyer doivent être placés transversalement et être de fonte ou de fer carré de 3 à 4 centimètres, et de 6 centimètres plus longs que le cendrier, afin que chaque bout s'appuie de 3 centimètres sur la maçonnerie ; ils doivent être placés sur leurs angles, de manière que les angles du centre se trouvent bien au milieu et en face les uns des autres ; afin qu'il y ait entre chaque barreau un espace de 9 millimètres pour la fuite des cendres et l'introduction de l'air. Au niveau de la grille commence le foyer. On sent qu'il doit varier selon la nature du combustible ; mais, dans l'usage ordinaire, il est de 33 centimètres. Dans les fourneaux de 1 mètre de diamètre, on élève un petit mur intérieur jusqu'à 3 centimètres de la chaudière, lequel, avec les parois intérieures du fourneau, forme des conduits dans lesquels se condense le calorique échappé par la distance qui a été laissée entre le petit mur ci-dessus et la chaudière, de manière qu'il n'entre dans l'orifice du conduit circulaire laissé entre la chaudière et son mur extérieur que de la fumée, qui y dépose le reste de son calorique avant d'entrer dans la cheminée. Le conduit circulaire de la fumée prend son ouverture en face de la porte du foyer, et doit avoir 10 centimètres de large dans la hauteur du foyer; d'un côté on élève un petit mur, afin de contraindre la fumée à faire le tour de la chaudière. Le foyer arasé, on place la chaudière, on construit aplomb, sur le bord du fourneau, un petit mur que l'on enduit à mesure, et on laisse plusieurs trous fermés avec des pièces de rapport, pour, au besoin, le nettoyer de la suie qui s'attache aux parois de la chaudière comme à ceux du mur. Ce petit mur se construit en laissant la même distance entre lui et la chaudière, jusqu'à 5 centimètres au dessous de son rebord; là, on commence à clore le conduit, c'est-à-dire que le mur touche la chaudière. Que la chaudière ait ou non un rebord, la maçonnerie doit toujours la dépasser de 5 à 8 centimètres, en présentant un plan incliné revêtu de zinc ou de tôle, de manière que, soit en mouvant, soit tout autrement, s'il tombe du suif sur les bords, il redescende naturellement dans la chaudière.

Cette élévation n'a pas lieu du côté du déposoir; au contraire, sur une longueur de 32 centimètres environ, on forme une échancrure, laquelle peut être prolongée soit avec une plaque de métal, soit en plâtre. Si le déposoir ne peut être contre le fourneau, on forme un tube qui y correspond, pour que, dans le cas où le suif viendrait à gonfler d'une manière prodigieuse, il n'y ait ni perte de suif ni danger de mettre le feu. Le liquide excédant s'échapperait par cette échancrure, faisant fonction de déversoir.

CHAPITRE V.

Moyen d'attiser et de conduire le feu.

Vers le milieu de la grille et dans les petits murs de côté, on fixe entre la chaudière et la grille une barre de fer rond transversale de la même dimension que cette grille, laquelle sert à soutenir le bois presque droit. Le bois, placé en arrière et en avant de cette barre, se croise sur celle-ci, et laisse entre la grille et cette espèce de faisceau un vide qui facilite la combustion en poussant la flamme vers le fond de la chaudière, qui la reçoit dans toute sa vigueur ; elle y dépose tout son calorique en s'échappant, tout autour du fond, par la distance laissée entre le petit mur et la chaudière. Dans les fourneaux dont les grilles sont placées longitudinalement, en posant le bois on bouche les distances laissées entr'elles, de manière que le bois brûle plus difficilement, étant privé de l'air qui est nécessaire à sa combustion ; puis les barres de foyer en fer plat, posées longitudinalement, durent moins de temps, parce qu'elles ont plus de portée et moins de solidité que celles qui sont carrées ; et enfin parce que les intervalles qui se trouvent entre chaque barre sont fermés à l'écoulement de la cendre comme à l'introduction de l'air. La distance du bois à la chaudière permet alors à la flamme de se courber, attendu qu'elle est attirée par le soupirail du conduit circulaire de la fumée et poussée par l'air qui entre par la porte du fourneau, au point qu'elle s'introduit dans le susdit conduit, ce qui se reconnaît au bruit qu'elle fait en y entrant. C'est contrairement aux principes de l'économie et à leurs véritables intérêts que ceux qui construisent ou font construire des fourneaux se réjouissent d'entendre ce bruit, le considérant comme un signe de bonne confection ; c'est, au contraire, un grand défaut : c'est une dépense de combustible de laquelle on ne tire pas tout l'avantage qu'on devrait attendre, puisque la courbure de la flamme s'introduit immédiatement dans le conduit avant d'avoir eu le temps de produire son effet sur la chaudière, et ne sert, par conséquent, qu'à faire brûler le suif dans la chaudière, vu l'extrême chaleur qui s'introduit par l'embouchure d'un conduit destiné à ne recevoir que de la fumée dégagée de la plus grande partie de son calorique. Les portes du foyer et du cendrier doivent fermer aussi exactement qu'il est possible, et avoir au pied, chacune, une petite ouverture fermant à volonté, de manière qu'en la mettant en rapport avec la clé de la cheminée, on puisse activer, amoindrir ou arrêter le feu, et conserver au besoin toute la chaleur du fourneau, comme aussi pour régulariser le feu, soit pour la fonte, soit pour la refonte du suif. A cet effet, on se place de manière à voir ce qui se passe au foyer, tandis qu'on fait placer un aide à la clé de la cheminée, auquel on commande d'ouvrir plus ou moins à plusieurs reprises, jusqu'à ce que l'on ait reconnu quel est le degré de chaleur voulue. Par ce moyen, on tire parti de tout le calorique, et on préserve le suif des coups de feu; ces simples moyens peuvent présenter avec certains fourneaux une économie de moitié, d'un tiers ou d'un quart sur le combustible, selon que le fourneau est plus ou moins bien monté.

La cheminée du fourneau doit avoir une clé. On peut facilement, et sans frais, en adapter une aux fourneaux anciens, en faisant passer une plaque de tôle entre deux joints de briques, dans toute la largeur de la cheminée, le plus près possible du fourneau.

Dans les anciens fourneaux construits et dont les chaudières sont scellées, on ne peut guère faire le petit mur dont nous parlons à la construction du foyer, mais on peut facilement y adapter la barre transversale qui sert à soutenir le bois presque droit.

Beaucoup de fourneaux laissent échapper de la fumée par la porte du foyer; cette fumée nuit considérablement aux ouvriers. Ce défaut doit être attribué à la manière dont est construit le tuyau de la cheminée, et surtout son orifice, qui est quelquefois trop étroit; alors le peu de fumée qui s'attache aux parois intérieures de ce conduit obstrue le tirage; le bois produisant plus de fumée que n'en absorbe le conduit, il y a nécessairement échappement par la porte.

Il est encore une cause bien simple qui fait que la fumée se répand dans l'appartement: c'est lorsque la partie supérieure de la porte du foyer se trouve plus élevée que le fond de la chaudière, ce qui procure une fuite naturelle de la fumée.

Comme nous l'avons dit à l'article *Suif*, les fondeurs se trouvent entravés par la police lorsque les voisins se plaignent; les plaintes arrivent souvent lorsqu'on déplace ou fait reconstruire les fourneaux. Au moyen du déversoir que nous faisons en construisant les fourneaux, ce qui nous a réussi dans plusieurs localités, voici ce que nous conseillons : on fait d'abord construire le fourneau, ou seulement sa superficie, dans le sens que nous indiquons pour le déversoir, lequel, muni d'un conduit, mène le suif dans le réservoir ; on fait constater par l'autorité que par cette précaution on a paré aux dangers du feu, dans le cas même où le suif viendrait à déborder en l'absence de l'ouvrier. La loi défend les nouvelles constructions de fourneaux, à cause des dangers du feu pour le cas précité, et à cause de l'odeur insalubre que répandent les exhalaisons de la buée du suif. Il est un moyen fort simple de remplir le vœu de la loi : on fond à l'acide le jour qu'on appelle l'autorité, pour lui faire constater qu'on est dans les termes de la loi, et, si le mode de fondre aux acides ne convient pas, on commence par fondre la nuit d'après l'ancien système ; petit à petit, la colère du voisinage s'apaise, et l'on reprend ses habitudes; personne ne meurt, personne même n'en est malade.

CHAPITRE VI.

Fonte des Suifs en branches.

On appelle suifs en branche les suifs tels que les livrent les bouchers.

Pour travailler avec facilité et économiser la main-d'œuvre, voici comment nous opérons: Nous séparons l'atelier par un petit mur dans lequel on pratique un ou plusieurs trous pour le passage du suif coupé ; d'un côté la fonderie, de l'autre le hachoir, que nous élevons de manière à ce que la table à couper se trouve au-dessus du niveau de la chaudière et en face du trou, afin qu'à mesure que l'ouvrier coupe le suif tombe dans la chaudière. Par ce moyen, on supprime le transport du suif, que l'on fait ordinairement tomber d'abord dans un panier ou baquet, pour de là le transporter dans la chaudière. Par cette opération fatigante, on écorne les fourneaux en posant dessus le vase qui sert à transporter le suif coupé. Nous appelons hachoir l'endroit où l'on coupe le suif ; c'est par le hachoir que l'on entre et pèse le suif pour le mettre ensuite sur la table à couper ; plus il est coupé fin, plus la fonte est prompte et productive. Pour le couper, on se sert encore d'un couteau à deux manches ou grande plane ; il est plus facile d'opérer avec un couteau à un manche en forme de couperet très-mince. En été, le suif s'attache au couteau, ce qui ne le laisse passer que difficilement ; pour faciliter le travail, on plonge la lame dans le suif bouillant. Avec le couteau à deux poignées on est obligé de se courber afin d'avoir une main de chaque côté du suif. Opérer en cette position, c'est se fatiguer inutilement pour faire moins de besogne ; on se fatigue surtout quand les suifs sont en pain, et selon que l'ouvrier est plus ou moins grand ; ce qui se rencontre partout. En province, les apprentis sont si jeunes et si faibles maintenant !

La chaudière est munie d'un robinet ; le déposoir se trouve au-dessous et porte un robinet pour soutirer le suif à l'aide d'un conduit qui remplit les caisses ou baquets. (Voir la figure 2.)

La chaudière doit être beaucoup plus large que profonde. On conçoit que moins la colonne de suif est épaisse, plus la chaleur a de facilité à la pénétrer ; avec une chaudière plate, du suif coupé fin, en mouvant souvent on accélère la fonte, et on augmente le produit de 1 à 2 pour 100 au moins. Il est difficile de faire couper fin et régulier, surtout à présent, à cause du manque de force des jeunes gens; nous n'avons jamais pu obtenir que les nôtres fissent cette opération d'une manière satisfaisante, et c'est ce qui nous a fait chercher un moyen mécanique pour cette besogne. Nous sommes persuadé que le moyen que nous avons essayé procurera 3 à 4 pour 100 de rendement en plus. Malheureusement cette machine reviendrait à un prix un peu élevé, et, comme le fondeur de suif ne veut pas compter les avantages, qu'il ne compte que l'argent qu'il verse, nous avons sursis à faire notre machine à couper le suif, n'étant plus fondeur que pour faire des expériences.

Comme on le voit, à mesure que le suif est coupé, il tombe dans la chaudière ; il est bon de commencer par couper les meilleurs suifs, parce qu'ils fondent plus vite et sont, par conséquent, moins susceptibles de brûler. On en remplit le fond de la chaudière et l'on allume le feu ; on mouve continuellement jusqu'à ce que la chaudière soit pleine, et, lorsque le suif est cuit, ce qui se reconnaît à la sécheresse du creton lorsqu'il surnage, on jette dans le déposoir 5 ou 10 pour 100 d'eau propre à dissoudre le savon. Nous disons 5 à 10, parce que, plus il y a d'eau, plus l'épuration est complète, et parce que l'on est souvent gêné par la petitesse du déposoir.

Quand la chaudière est munie d'un tuyau de décharge, on laisse couler autant ou environ de suif bouillant qu'il y a d'eau; avec une planche trouée et emmanchée, on mouve le tout jusqu'à ce que le suif et l'eau présentent un liquide épais; alors on laisse couler de nouveau pour soutirer le reste. On ne doit pas soutirer le suif sur l'eau sans prendre la précaution que nous indiquons pour la petite quantité, d'abord parce qu'en laissant découler le tout de suite, la grande chaleur du suif met par son contact l'eau en ébullition, et que le suif devient jaune au lieu d'être blanc; et comme de la blancheur du suif dépend en grande partie la belle clarté de la chandelle, il faut prendre garde que l'eau n'entre en ébullition; si cela arrivait, il faudrait y ajouter de l'eau fraîche en petite quantité et à plusieurs reprises, parce que si l'on en mettait trop à-la-fois, cela ferait boursoufler le suif de manière à le faire répandre. Cela arrive encore lorsqu'on n'a pas mêlé l'eau au suif dans le commencement. Tous ces inconvénients sont préjudiciables à la beauté du suif.

Devant le tuyau, en dedans de la chaudière, on place une petite grille pour arrêter les cretons qui boucheraient l'écoulement; à l'autre bout, et sur le déposoir, on place un tamis en cercle de tôle, garni à sa base d'une toile métallique très-fine (les tamis en cercle de bois et toile de crin se trouvent dévorés en bien peu de temps, à cause de la chaleur du suif lorsqu'il sort bouillant de la chaudière), et, pendant que le suif découle, on mouve, et, plus on mouve, plus le suif est blanc. Si l'opération ne paraissait pas bien réussie, à l'aide d'un tamis on sèmerait sur la surface du suif 3 décagrammes pour 100 d'alun pulvérisé; faute de cette précaution, ou pour avoir de la chandelle blanche, on l'expose à l'action destructive de l'air et de la poussière. La théorie pharmaceutique a reconnu et publié cette faute, parce que, dans ce cas, le suif ne blanchit qu'en se détériorant. Alors, on recouvre le déposoir de manière à conserver la chaleur pour ne soutirer que six heures après; on a, au bas, deux canelles, fossets ou robinets, placés, le premier, au ras du fond; le second, à 5 centimètres au dessus de l'eau que le repos aura fait précipiter, ou, pour le cas où l'on serait gêné par la hauteur du déposoir, il serait placé à 5 centimètres au dessus du premier. Lorsque le suif est bon à tirer, on commence par décanter l'eau, et, lorsqu'on s'aperçoit que le suif vient, on ferme pour le tirer par le robinet de dessus, et l'on a la certitude qu'il ne peut se trouver ni eau ni pied dedans, ce qui ferait pétiller la chandelle. Le suif obtenu par ce procédé est pur et sec, et blanchit sans être exposé à l'air; c'est le résultat du lavage à l'eau, dont le dissolvant entraîne, en déposant, toutes les matières étrangères au suif qui, sans cette précaution, y seraient restées, les unes par leur légèreté, les autres par leur ténacité. Ces matières, dans les chandelles de suif le mieux fondu, se présentent à la mèche, la durcissent et l'empêchent de s'ouvrir, ce qui fait qu'il se forme à la partie supérieure un petit chapeau qui, lors même qu'il dépasse la flamme, ne se trouve pas consumé par la rencontre de l'air.

CHAPITRE VII.

De la Presse à extraire le Suif des cretons.

Les presses en bois ou en fer sont composées de deux jumelles A ou montants verticaux, et de deux traverses horizontales B, assemblées avec les jumelles; la traverse inférieure se nomme patin, la traverse supérieure supporte l'écrou. Dans les presses en fer, on rend la traverse supérieure mobile, soit en formant enhachement ou mortaise à chaque bout et de la grandeur voulue pour entrer dans les colonnes verticales, afin de la retirer à volonté, soit en formant un épaulement, à la hauteur voulue, à l'une des colonnes verticales, dont la partie supérieure est arrondie; à l'un des bouts de la traverse on forme un anneau, à l'autre un retour d'équerre fermant à clé, ce qui permet d'ouvrir selon la dimension du local, au lieu d'enlever la traverse et l'écrou, qui sont d'un certain poids.

La traverse inférieure supporte une table C, composée de planches clouées ou assemblées, revêtues d'une plaque de tôle ou de zinc, formant un rond ou un carré, avec un rebord de 6 centimètres; sur le devant est un déversoir D pour l'écoulement du suif liquide. (Voir la figure 3.)

Sur cette table on dispose un seau formé de deux demi-cylindres en tôle forte, se joignant par derrière par des anneaux fermés pour faire charnière aux cercles qui s'assemblent, soit à rivet, soit à broches E. Ces cercles F sont de fer plat, de 2 centimètres environ, et sont placés au nombre de quatre, plus ou moins, à distance égale sur le seau ; sur le devant, une broche mobile les enfile tous, et le cylindre est solide ; il peut s'ouvrir en enlevant la broche, pour retirer le pain du creton. Le seau est criblé de petits trous comme une passoire; c'est par ces trous que le suif sort pendant la pression, ce qui permet d'épurer complètement le creton. Cet avantage, joint à celui de retirer facilement le creton, nécessite l'usage du seau pour remplacer l'auget carré, duquel on retire difficilement le creton. Lorsque les fontes sont fortes et que les cretons pressés présentent plus de 4 centimètres d'épaisseur, on fait faire une ou plusieurs plaques rondes en forte tôle, et de la grandeur du cylindre ; quand la moitié du suif est jetée dans le seau, on jette la plaque, et, en retirant le creton du cylindre, on a deux pains au lieu d'un, comme on pourrait en avoir plus, selon le nombre de ronds qui se trouveraient placés entre les cretons. Ce procédé, bien simple et peu coûteux, présente de l'économie, en ce qu'on en retire plus de suif.

CHAPITRE VIII.

Fonte aux Acides.

Ainsi que pour la fonte à feu nu, il faut hacher très-fin, mouver continuellement, aussitôt que le suif entre en ébullition, avec une planche percée de trous. On conçoit que plus la division s'opère dans la masse, plus on accélère la fonte, parce que l'eau bouillante, acidulée par son dissolvant, produit plus tôt son effet.

Nombre de fois, pour obtenir du suif bien blanc, on fait un choix des morceaux les plus propres et les plus fondants, auxquels on fait subir des lavages préalables avec de l'eau acidulée ; beaucoup de fondeurs et fabricants de chandelles agissent ainsi pour obtenir de belle chandelle moulée ; mais ce choix est toujours fait au préjudice de ce qui reste de suif. Il vaudrait mieux faire, avec la masse du suif, des lavages préalables, et laisser tremper le suif haché pendant vingt-quatre heures : on obtiendrait un bon résultat, et la chandelle-baguette, qui est toujours sacrifiée, dans les localités où elle est en usage, en faveur de la chandelle moulée, deviendrait meilleure.

Le suif, soit qu'il ait été lavé ou trempé, doit être mis dans la chaudière sur 30 pour

100 d'eau fraiche propre à faire cuire les légumes ou dissoudre le savon, et 25 décagrammes d'acide sulfurique bien blanc à soixante-six degrés. On allume le feu; arrivé au point de l'ébullition, et après trente minutes environ, la dissolution des membranes doit être complète; ce qui se reconnaît quand on n'aperçoit plus dans la masse de petites parties blanches, molles et spongieuses. Alors on décante le tout et on laisse déposer.

La quantité d'eau qu'il faut pour cette opération, la difficulté de s'en procurer dans diverses localités, le suif ainsi obtenu étant plus mou en été, ont fait abandonner en partie ce système. La boulée qui se trouve au-dessous du suif figé contient encore quelques atômes de suif; on amasse ces pieds, on les jette dans la chaudière; après une fonte, on les met en ébullition à petit feu pendant deux heures, on les laisse se refroidir dans la chaudière, et l'on retrouve, après refroidissement, une quantité de suif qui vaut plus que la peine de faire bouillir; le reste est très-bon à faire des engrais en le mêlant avec le fumier.

CHAPITRE IX.
Des Poignées.

Les poignées dont on se sert généralement pour emmancher les broches sont des morceaux de bois dans lesquels on fait autant de trous que l'on veut mettre de broches ; elles devraient être faites avec plus de soin pour procurer des avantages et ne pas nuire à la fabrication.

Ainsi, au lieu de forer la poignée, que l'on fasse des trous à jour à sa partie supérieure, et que, pour recouvrir ces trous lorsque les baguettes y seront reçues, on adapte à la partie supérieure de la poignée un couvercle fermant horizontalement, comme celui des boîtes à rasoirs (figure 4) et l'on pourra, en ouvrant ce couvercle, retirer les baguettes sans secousses, en apporter d'autres, ou changer celles du bord pour les mettre au milieu et celles du milieu au bord ; nécessités indispensables pour les poignées de six à douze broches et plus, en ce que sur les broches du milieu les chandelles se trouvent toujours plus petites lorsqu'on ne fait pas le changement précité. Il suffit de faire une fois ce changement pour régler la chandelle ; quand on le fait lorsque les chandelles sont à moitié, en portant celles du bord au milieu et celles du milieu au bord, chacune, recevant l'air à son tour, arrive au même poids ; on devra aussi avoir soin de faire les trous assez écartés pour qu'il y ait entre les baguettes la même distance qu'entre les chandelles sur les baguettes.

CHAPITRE X.

De l'Emmagasinage des Suifs.

On ne conçoit pas aisément que l'emmagasinage n'ait pas plus tôt subi l'amélioration nécessitée par la forme ronde et pointue des pains ; ces pains, amassés par piles, laissent entr'eux un vide d'un tiers du terrain qu'ils occupent : ces vides sont des chemins ouverts à l'introduction de la vermine, de l'air et de la poussière. Il serait mieux d'avoir des caisses (voir figure 2) en bois de sapin, pour plus de légèreté, formant un carré long de 80 centimètres de longueur, de 25 centimètres de largeur dans le fond, de 30 de largeur à la superficie et de 25 de profondeur : ces caisses donneraient des pains de suif de 40 à 45 kilogrammes, beaucoup plus faciles à transporter que les ronds ; on peut les placer dans les magasins sans laisser entr'eux aucun intervalle. Les caisses étant de même dimension, les pains peuvent se joindre comme des pierres de taille, si on les place l'un à côté de l'autre, l'un droit, l'autre renversé ; aussi, lorsqu'on les charge dans une voiture, la charge est bien moins vacillante, bien moins volumineuse, puisque le tout ne fait pour ainsi dire qu'un morceau, et que, là où on pouvait mettre deux mille de suif, on peut, par ce moyen, en mettre trois mille.

CHAPITRE XI.

Des Barcs ou Séchoirs où l'on dépose les Chandelles pendant leur confection.

Le barc le plus ancien, le plus en usage, quoique le moins avantageux, est un carré long à un ou plusieurs étages, formé d'un assemblage de menuiserie de 4 pieds verticaux et de deux traverses horizontales pour chaque étage.

Les hommes qui font usage de ce barc trempent encore deux brochées de chandelles à-la-fois, les rapportent et les reprennent à bout de poignet, tenant les baguettes intercalées dans leurs doigts ; c'est un ouvrage lent et pénible.

D'autres, pour aller plus vite, portent trois broches à-la-fois et de la même manière ; si on gagne un peu sur le temps, on augmente beaucoup la fatigue.

D'autres encore, et c'est le plus petit nombre, trempent quatre broches à-la-fois, les reportent sur le barc en inclinant le corps de toute sa longueur, tenant toujours les baguettes de chaque bout pour les poser sur le barc.

D'autres, après avoir trempé les trois ou quatre broches, les posent sur les potences du moule pour les reprendre d'une main par un bout, de l'autre par le milieu, afin de faciliter le transport ; néanmoins, quand ce barc a plusieurs étages, il faut allonger les bras et reculer la tête.

Conçoit-on que l'homme puisse se gêner à un tel point dans l'état actuel du progrès? Les fabricants qui opèrent avec quatre broches, ainsi que nous venons de le décrire, croient avoir fait un si grand pas vers l'amélioration, qu'ils ne prennent en considération aucun moyen de faire mieux, plus vite et avec plus d'aisance.

Ceux qui trempent deux et trois broches à-la-fois ne comprennent certainement pas comment on s'y prend pour en tremper quatre, en ce qu'ils travaillent à main renversée, et que dans cette position le travail à quatre broches serait sinon impossible, du moins assez gênant pour ne pouvoir durer long-temps sans causer une extrême fatigue. Pour tremper quatre broches avec facilité, au lieu d'enfiler les broches par-dessus entre les doigts, on forme intérieurement un crochet de chaque doigt, lequel supporte la broche ; la main se trouve ainsi à demi fermée dans la position naturelle et la plus forte.

CHAPITRE XII.

Du Barc à potences ou Echelle.

Le barc à potences (figure 6.) est composé de deux colonnes verticales A, supportant à leurs parties moyennes, soit à tenon, soit à clou ou vis, des potences en B de 18 centimètres de large et de 3 d'épaisseur, portant, selon la quantité de broches que l'on veut y mettre, de 60 à 80 centimètres de longueur. On conçoit qu'à cette distance les potences ne présenteraient pas assez de résistance pour travailler long-temps. A cet effet, l'on adapte une écharpe en C, soit à tenon, clou ou vis, tant à la colonne verticale qu'à la potence. Les potences se font aussi en fer, et s'adaptent soit dans les colonnes verticales, soit dans les murs, comme on pourrait le faire avec celles en bois. Ainsi, deux colonnes verticales, munies de potences espacées selon la longueur des chandelles, plus 6 à 10 centimètres pour l'introduction de l'air, sont fixées soit au mur, soit au plancher, par leurs parties supérieures, et par leurs parties inférieures dans le pavage, selon que la localité le permet et aux distances voulues pour supporter les broches chargées de chandelles. Avec ce barc, l'opérateur qui trempe 4 broches à main demi-fermée, comme il est dit ci-dessus, peut reporter la poignée sur les potences qui se présentent devant lui sans faire de changement de main, avec moins de fatigue, la main se trouvant dans la position la plus forte et la plus naturelle pour déposer et reprendre chaque poignée. On fait à ces barcs autant d'étages que le prescrit le besoin, en garnissant les colonnes verticales du haut en bas ; on peut y mettre de six à huit étages.

Ceux du haut comme ceux du bas, sont plus difficiles à mettre en usage. Nous les conseillons parce qu'ils ont leur utilité. Exemple : Lorsqu'on fait deux façons de chandelles dans un jour, comme lorsqu'on a toujours une façon d'avance, on la dépose sur les étages supérieurs et inférieurs. Une échelle ou barc à de 70 ou 80 centimètres de large, plus ce qui dépasse des broches de chaque côté, en tout 1 mètre ; dans sa hauteur, quatre étages à vingt-cinq broches par étage, cent broches à 1 kilogramme par broche, 100 kilogrammes dans 1 mètre de large et 80 centimètres de saillie. On dépose sur ce barc les poignées de chandelles emmanchées comme celles que nous venons de décrire.

CHAPITRE XIII

Barc à pivot.

Le barc à pivot (figure 7) est composé de deux colonnes verticales A, assemblées à mortaise et tenon par le haut et par le bas, au moyen de deux traverses horizontales B. Au milieu de chacune est une broche C, qui se fixe soit au plancher, soit dans le plafond, soit dans un trou de planche, elle-même fixée aux solives ou de la manière la plus convenable à la localité ; celles d'en bas se fixent aussi de la manière la plus avantageuse.

Les colonnes verticales supportent, aux distances nécessaires à la confection de la chandelle, des traverses D, de 130 à 150 centimètres de longueur sur 8 centimètres de largeur et 4 d'épaisseur, fixées au milieu, soit contre la colonne en dedans ou en dehors, à l'aide d'un petit emmanchement scellé à clou ou mieux à vis, et, lorsque les colonnes portent assez d'épaisseur, on y pratique une mortaise au milieu pour y enfoncer la traverse, de manière à ce qu'elle dépasse autant d'un côté que de l'autre ; ce qui forme un barc mobile sur lequel on peut déposer les brochées de chandelles d'un côté et de l'autre, et à autant d'étages que la localité le permet. On peut mettre de ces barcs autant que l'exige la fabrication, en plaçant la distance de manière à ce que chaque barc puisse tourner, pour donner une trempe aux échelles de l'autre côté, sans rencontrer les barcs voisins ; ces derniers sont placés dans leur position la plus étroite. Si les traverses ont autant de saillie que le barc fixe que nous avons décrit, la même quantité d'étages contiendra moitié plus de broches de chandelles, et, au lieu d'être fixé au mur, il se fixe soit au milieu, soit dans un angle, pourvu qu'il puisse tourner, soit plutôt en face du moule, comme le barc tournant que nous allons décrire.

CHAPITRE XIV.

Barc ascendant et descendant.

Ce barc, de notre invention (figure 8), présente quatre faces sur lesquelles on peut déposer les poignées de chandelles à la sortie du moule dans lequel on les trempe, en plaçant le barc en face et à quelques centimètres du moule. Ce barc peut avoir la dimension qu'exige l'importance de la fabrication, soit 3 pieds. On assemble en menuiserie quatre colonnes verticales de 8 centimètres de largeur sur 6 d'épaisseur, et ayant la hauteur que peut permettre la localité ; ces colonnes s'assemblent à tenons et mortaises par le haut et par le bas A, quatre traverses horizontales C placées transversalement en croix, au centre desquelles on fait un trou O pour passer la colonne verticale D, laquelle est à filet jusqu'au milieu de sa hauteur. On introduit cette colonne dans les trous inférieur et supérieur O, et, au moyen de l'écrou fixé sous les traverses inférieures de la colonne à vis, le barc peut monter et descendre lorsqu'on le fait tourner. Aux quatre colonnes verticales et à l'intérieur, on place de chaque côté quatre traverses horizontales F, qui sont fixées à vis aux distances voulues pour que la chandelle de l'étage supérieur ne touche pas à celle de l'étage inférieur. Les traverses horizontales F, destinées à recevoir les poignées de chandelles, doivent dépasser extérieurement les colonnes verticales de 15 à 20 centimètres, ou de la longueur d'une poignée de chandelles, qui peut être de 33 centimètres. Aux traverses horizontales F et en dehors, on cloue une petite tringle de 3 centimètres de large sur 1 centimètre d'épaisseur, afin d'emboîter les broches emmanchées, de manière que, soit en poussant, soit en tirant les poignées, elles ne puissent tomber. A chacune de ces traverses on adapte une tringle à coulisses armée par un bout d'un petit crochet, et par l'autre bout d'un anneau. A chaque colonne et à la hauteur de chaque traverse, on adapte, à l'aide d'une mortaise et d'un tenon, un support A, correspondant en longueur et en force à la saillie des traverses F, de manière à former un carré régulier formant une masse de chandelles.

CHAPITRE XV.
Manière d'opérer.

Nous supposons que le barc ci-dessus décrit a 1 mètre 40 centimètres. On place le moule cu face et à la distance nécessaire pour que le barc ne touche pas le moule en tournant, mais pour qu'il en passe aussi près que possible.

L'opérateur enfile les brochées de mèches dans les poignées ou tasseaux, au nombre déterminé par les trous des poignées.

On place chaque poignée sur les traverses des divers étages, on les prend les unes après les autres pour les imprégner, en commençant par l'étage supérieur, pour les reporter, lorsqu'elles sont trempées, sur l'étage inférieur, sous lequel est une légère planche qui sert pour tous les étages : 1° à l'étage inférieur, afin que les gouttes de suif qui peuvent s'échapper des mèches ne tombent pas à terre ; 2° afin que les gouttes de l'étage supérieur ne tombent pas sur les broches de l'étage inférieur, et ce, pour imprégner seulement. L'imprégnation dont il s'agit se fait partout indifféremment. On trempe souvent plus chaud que froid ; la mèche imprégnée à suif chaud est moins volumineuse que celle à suif doux ; donc il n'est pas indifférent de le faire d'une manière ou de l'autre. On conçoit que l'épaisseur du moule et la distance qu'il y a du bout des traverses de chaque étage à la colonne verticale du barc est trop éloignée pour que l'opérateur puisse atteindre les dernières poignées ; mais, au moyen d'anneaux et de crochets qui se trouvent au bout de la coulisse, on amène les poignées à portée de l'opérateur, qui repousse les coulisses, et, comme ce n'est qu'à l'aide des crochets que les poignées sont rapprochées, il prend les poignées, soit pour tremper à la main, soit pour tremper à la mécanique ; il les trempe et reporte ainsi de suite. Comme on le voit, le battage des mèches après l'imprégnation est supprimé, ainsi qu'il doit l'être pour les mèches faites au métier, d'où les cotons sortent tendus et roulés cylindriquement. Battre les mèches après la première trempe est de rigueur pour les mèches faites à la main, attendu que l'irrégularité de la torsion, le crépissement du coton taillé d'avance, le font raccourcir et gonfler, et que certains fils se dégagent de l'ensemble ; il faut donc battre les brochées de mèches une à une, afin de redresser les fils. Qu'arrive-t-il dans ce battage ? On aplatit en partie les mèches, au point qu'il en reste des filaments dans le suif, lesquels s'attachent à la chandelle et forment des avances.

CHAPITRE XVI.

Des Cotons les plus propres à produire une belle lumière, et des Effets de la Capillarité.

On conçoit que tous les cotons ne présentent pas les mêmes avantages à la combustion ; ceux de telle province conviennent mieux que ceux de telle autre. C'est à l'expérience que nous devons la connaissance des meilleurs ; nous ne pouvons donc les indiquer aux fabricants de chandelles ; car, en fil comme en laine, on pourrait leur vendre l'un pour l'autre. Nous nous réservons donc le bénéfice de notre découverte. Par exemple, ce qui peut être du domaine du fabricant de chandelle en faveur de la combustion et de la capillarité, c'est la grosseur, la torsion, la quantité de fils que l'on doit mettre dans chaque sorte de chandelles, pour faire un assemblage proportionné à la quantité et à la qualité du suif.

On comprend aisément qu'un suif dur ne fond pas à la même température qu'un suif mou ; c'est pourquoi nous disons qu'il est du domaine du fabricant de chandelles de fixer la quantité et la grosseur du fil que l'on doit mettre dans chaque sorte de chandelle. Pour cela, on doit posséder quelques données sur les effets de la capillarité et de la combustion.

L'expérience a prouvé que plus le tube capillaire est petit, plus l'élévation du liquide est grande. On n'entend pas pour cela employer du fil à dentelle, parce que l'élévation monterait trop haut : il y aurait perte de suif, émanation d'odeur, etc. Le fil ne doit pas dépasser le n° 10, lors même que le suif serait très-dur et très-sec.

Exemple : Une mèche de même poids, avec du fil gros, ne doit pas présenter autant de suif au foyer qu'une mèche de fil fin : celle de fil gros porte l'élévation au pied de la mèche, au dessous de la flamme, celle de fil fin l'introduit jusqu'au foyer ; alors, il y a oscillation de la flamme, parce que, la chaleur étant trop forte, la graisse se trouve volatilisée, ce qui répand une odeur âcre et malsaine : motif puissant qui fait négliger l'éclairage à la chandelle.

Le principal but des filateurs de coton à chandelles est de flatter l'œil de l'acheteur, tant par la nuance du coton que par la parure des pelottes à l'extérieur. Il vaudrait bien mieux, dans l'intérêt du fabricant lui-même, flatter l'œil du consommateur ; pour cela, il est indispensable que les cotons soient dégrillés. Cette opération, telle que nous l'exécutons, n'est pas de nature à flatter l'œil de l'acheteur ; notre but est d'obtenir des cotons qui présentent une lumière vive et pure. Nous ne sachons pas qu'aucun de nos confrères emploie notre système. Ils appellent, eux, dégriller, recommander aux ouvrières d'appuyer l'ongle du pouce sur le premier doigt, en faisant passer le fil entre deux. Cette recommandation est toujours sans effet ; fût-elle exécutée, qu'elle ne serait pas suffisante. D'autres passent le fil entre un morceau d'étoffe ; on recommande de serrer, afin d'arracher le plus d'ordures possible ; cette recommandation, comme l'autre pour l'ongle, n'est suivie qu'au moment où elle est faite.

Il faut donc un moyen qui ne soit pas dépendant de l'ouvrier : il faut une machine. Mais cette machine nécessite le bobinage du fil en simple, afin de le gratter de manière à arracher les ordures en passant par la filière, opération qui cause du déchet et qui augmente le prix de revient ; outre que le fil paraît moins beau à cause du froissement qu'il éprouve, et que la vente en devient par conséquent plus difficile. C'est ce motif et celui du prix de revient qui écartent toujours l'acheteur, nous voulons dire celui qui ne comprend pas bien ses intérêts ; car, si un coton qui revient à 20 cent. plus cher par kilogramme est de 30 cent. plus léger, il sera donc meilleur marché, et, de plus, offrira le grand avantage d'être propre à produire une plus belle lumière.

D'autres, et c'est la majorité, prennent les cotons sortant du métier à filer, et se contentent de faire éplucher le dessus des pelottes ; il faut ou mettre les ordures telles quelles, ou s'amuser à les éplucher à chaque mèche. L'habitude est tellement invétérée, qu'il se trouve des fabricants qui disent, quand on leur offre le métier à mèches : « Est-il possible d'éplucher les mèches avec ce métier ? » On sent donc la nécessité d'avoir du coton dégrillé ; cette observation est d'autant plus absurde, qu'elle est faite par des gens qui ont vu le métier, sur lequel les cotons sont vus de face dans plus d'un mètre de longueur.

Nous avons perfectionné le système de dégrillage, nous sommes parvenu à soumettre à-la-fois à cette opération la quantité de fil qui nous convient. Nous le disons hautement : Non, il n'est pas possible qu'à qualité égale nos confrères puissent livrer à la consommation des cotons à chandelle aussi favorables à la combustion, et par suite à la lumière. Malgré toutes les précautions du choix du lainage, du nettoiement du coton, de la grosseur du fil, etc., etc. ; il ne faut jamais laisser éventer le coton. On ne conçoit pas combien l'air, par cette négligence, peut apporter d'infériorité à la mèche.

Cette observation nous fut faite par un chimiste notable, qui nous a appris, en visitant notre métier, que le service qu'on pouvait rendre au consommateur était beaucoup plus grand que nous ne le pensions, parce que l'on pouvait éviter que les cotons fussent éventés.

On conçoit que le temps pendant lequel les cotons sont taillés à l'avance suffit pour qu'ils prennent de l'humidité, de la poussière, ce qui, joint à la saleté des mains du coupeur, doit fortement contribuer à ternir la flamme.

Ce que chacun peut bien ignorer, c'est l'importance des lois de la capillarité et de la combustion, notamment pour ce qui concerne l'éclairage; eh bien! on a beau observer ces lois; si les cotons sont éventés ou humides, on n'obtient qu'une lumière inférieure.

Un dernier exemple : Malgré la connaissance que nous avions déjà du mauvais résultat des cotons éventés, dans une fonte nous obtînmes du suif d'une blancheur et d'un sécheresse que nous n'avions pu obtenir jusqu'à ce jour. Pour connaître la cause de ce résultat, que nous considérions comme sublime, nous prîmes un reste de mèche fait depuis quelques jours et soigneusement enveloppé dans un papier renfermé dans une boîte : quelle fut notre surprise, en faisant brûler cette chandelle et en la comparant avec celle faite, quelques jours après, avec du suif de fonte ordinaire ! Cette fois, le suif blanc donnait une flamme plus sombre. Pour nous assurer du fait, nous fîmes fondre de nouveau, et pendant le refroidissement nous fîmes des mèches qui furent immédiatement placées dans le moule et coulées. Le soir, le même suif, avec la différence de mèches sortant de la pelotte et de mèches sortant du papier, fut employé pour pousser à fond l'expérience : la flamme était un peu plus nébuleuse avec les mèches anciennes qu'avec les nouvelles, ce que nous reconnûmes en les soumettant au procédé d'intensité de la flamme d'autre part décrit. Quelques mots écrits sur un carton nous paraissaient une continuité de jambages, tandis qu'à la même distance la chandelle faite avec la mèche du coton sortant de la pelotte nous permettait de distinguer les mots. Une foule d'expériences nous ont donné des résultats à-peu-près semblables ; aussi conseillons-nous aux fabricants de faire la chandelle immédiatement après la confection des mèches, ou au moins d'imprimer aussitôt que les mèches sont faites.

En 1814, un Anglais avait à Rouen une filature de coton ; on employait alors beaucoup de chandelles dans les manufactures. Cet industriel fournissait le coton pour sa chandelle et désignait la quantité de fils qui devait entrer dans chaque sorte, en recommandant strictement la remise de l'excédant du coton. « Parbleu ! se disait le fournisseur de chandelles, il n'est pas nécessaire de faire cette recommandation, son coton n'est déjà pas si attrayant. » En effet, ce coton n'avait rien d'engageant; il était terne, mal filé et plein d'ordures. Le fabricant de chandelles, pensant que c'était une manie, n'y fit d'abord pas attention; mais, étonné de ce qu'on ne lui faisait pas de reproche, il fit essai de ce coton, dont on mettait un peu moins, et reconnut qu'il était plus favorable à la combustion, et qu'en portant une attention suivie on reconnaissait que la flamme était beaucoup plus agréable à la vue, et qu'il ne se formait pas de chapeau, c'est-à-dire moins que l'on en rencontre dans les autres cotons. A chaque commande que nous faisait ce fabricant de chandelles, il nous parlait de son Anglais.

Tant pour nous que pour lui, nous avons fait bien des essais sur des cotons de la nuance qui nous était indiquée, sur la quantité d'ordures que nous attribuons à tel coton à cause de la difficulté qu'il offre au nettoyage, sur ceux qui approchaient de la longueur de la soie qu'il nous indiquait avec précision; l'ayant étirée et mesurée maintes fois, nous la prenions pour du fernambouc. Mais la nuance n'était pas celle du fernambouc.

Long-temps nous avons cherché en vain, mais le hasard nous a fait rencontrer ce que nous croyions chercher. Nous avons acheté de ce coton; après l'avoir employé en y apportant tout le soin possible afin de le rendre à-peu-près propre, nous sommes parvenus à obtenir un fil de bonne qualité, mais qui laissait à désirer sous le rapport de la nuance; nous le fîmes filer en diverses grosseurs et plus ou moins tors; nous employâmes tous ces fils pour confectionner de la chandelle du même poids, sans avoir égard au fil gros ou fin, tors ou doux; nous fîmes six classes de mèches toutes proportionnées au suif : c'étaient des chandelles moulées. De ces six sortes, trois s'écartaient du but, tandis que les trois autres s'en rapprochaient plus ou moins, selon la grosseur et la torsion qui conviennent le mieux à la capillarité. Nous n'avons, néanmoins, pas rencontré tout l'avantage qui nous était vanté, quoique nous fussions parvenus à rendre ce coton propre. Nous essaierons des cotons de la même contrée d'une nuance plus favorable. Ce qui pourrait être un obstacle, ce serait le prix; nous disons le prix, à cause de la mauvaise habitude des fabricants de chandelles, qui cherchent le bon marché au lieu de chercher la bonne qualité, qui n'est, en réalité, qu'une chèreté apparente.

CHAPITRE XVII.

Des Mèches de Chandelles.

Les mèches de chandelles sont composées de brins de coton filés, réunis et tordus pour former un corps cylindrique, qui éclaire suffisamment et brûle d'une manière uniforme en consumant le moins de suif possible, sans que la chandelle coule ou répande de mauvaise odeur. Jusqu'ici cette perfection n'a pas été atteinte; bien des obstacles s'y opposent : 1° tous les cotons ne sont pas de la même nature et s'imbibent, plus ou moins vite, du suif que fait fondre la chaleur de la combustion; 2° tous les cotons ne se consument pas aussi vite les uns que les autres; il en est qui se crispent au lieu de se réduire en cendres, même lorsque la superficie de la mèche rencontre l'oxigène de l'air; 3° la torsion de la mèche. Ce dernier obstacle doit être compris par les fabricants de chandelles ; chacun sait que plus la mèche est torse, plus la chandelle dure et moins elle éclaire ; il n'en est pas tout-à-fait de même du fil qui la compose. Une mèche est un assemblage de fils dont les brins forment entr'eux autant de petits tubes capillaires appliqués l'un contre l'autre pour l'élévation du suif fondu qui alimente la combustion.

Voyons maintenant quel est le meilleur parti à tirer de cette description.

Expliquons d'abord le mécanisme de la combustion du suif dans les chandelles, afin que chacun puisse se fixer sur le nombre et la grosseur des fils qui doivent être employés pour chaque sorte de chandelle.

Lorsqu'on allume une chandelle, surtout celle qui a déjà brûlé, la flamme descend d'abord jusque sur le suif, au pied de la mèche, et paraît vouloir s'éteindre ; elle ne se ranime qu'à mesure que la chaleur fait fondre le suif. Elle remonte alors, et la mèche reste blanche jusqu'à trois ou quatre lignes au-dessus du petit réservoir de suif fondu qui se trouve à la superficie de la chandelle ; la combustion s'opère donc dans la partie supérieure de la mèche, et reçoit son aliment du suif amené par les tubes capillaires. Ces tubes sont plus ou moins grands, selon que le coton est plus ou moins gros ; et il est constant que, plus le tube est petit, plus l'élévation est grande; les mèches de gros fil et de fil fin présentent des tubes assez petits pour que l'élévation du liquide ait lieu ; on ne peut fixer la grosseur du tube pour une hauteur précise, parce que la capillarité est une cause physique encore inconnue.

La grosseur des mèches, la grosseur du fil, ne peuvent être indiquées ; ici elles doivent être fixées dans chaque localité, selon l'usage et l'exigence du consommateur. Telle ville, telle contrée veut avoir une chandelle des seize, des douze, etc., qui dure une heure de plus que dans telle autre contrée; il faut bien alors diminuer le nombre des fils ou serrer la mèche.

La grosseur ne peut pas plus être déterminée, parce que tous les suifs ne fondent pas à la même température; la mèche peut être de fil fin et moins grosse, selon que le suif est plus sec et épuré. Nous n'entendons pas par coton fin des numéros vingt ou trente, comme nous en voyons employer pour des chandelles que les fabricants appellent raffinées ; nous conseillons, nous qui avons pratiqué de nombreuses expériences sur les suifs et cotons, d'employer pour coton fin, et selon la qualité du suif, les numéros six à dix, dans les suifs ordinaires, c'est-à-dire dans les suifs qui manquent de cuisson, et dans les suifs gras, à cause de la graisse fluide qu'on y ajoute; dans les suifs de Russie seuls le numéro six est trop fin. Comme nous le disons plus haut, plus le tube est étroit, plus l'élévation est grande, trop grande souvent; ce qui cause toujours un peu de fumée, parce que la graisse se trouve en partie volatilisée, ou que du moins la flamme a une oscillation continuelle, exclusivement nuisible à l'organe délicat de la vue. Pour les chandelles ordinaires, nous conseillons des cotons gros, c'est-à-dire des numéros de zéro à quatre; c'est toutefois au fabricant de chandelles à se fixer sur ces données, en prenant pour base la sécheresse et la pureté des suifs, et par quelques expériences il reconnaîtra bientôt celui qui convient le mieux. Les numéros que nous indiquons ne sont pas généralement ceux des filateurs de coton à chandelles, parce que tous numérotent les fils par aiguillée, de manière que chaque filature a son numéro.

CHAPITRE XVIII.
Du choix entre les Chandelles-baguettes et les Chandelles moulées.

Les chandelles-baguettes, étant faites en plusieurs fois, peuvent sécher après chacune de leurs trempes; les chandelles moulées, étant coulées d'un seul jet, n'ont pas cet avantage: aussi les premières résistent-elles plus à la chaleur, et par conséquent à la combustion.

La chandelle-baguette a encore l'avantage de revenir à meilleur marché: d'abord, parce que la dépense première pour sa fabrication est moindre que pour celle des chandelles moulées; ensuite, parce que les ustensiles sont de plus longue durée et ne demandent pas de renouvellement; enfin, parce que l'exécution est plus rapide pour la première, à tel point qu'un ouvrier peut fabriquer, dans le même espace de temps, trois ou quatre fois plus de chandelles-baguettes que de chandelles moulées, excepté dans les fabriques où chaque ouvrier peut couler 75 à 100 kil. à-la-fois.

Le seul avantage des chandelles moulées sur les chandelles-baguettes consiste dans la régularité de leur forme; mais cet avantage disparaît bientôt pour le corps de la chandelle allumée, lorsque dans la confection des chandelles-baguettes on s'est servi de mèches bien faites au métier, et que la trempe a été régulière, à tel point qu'à grosseur égale le fabricant lui-même s'y trompe, à moins qu'il ne voie le pied ou le collet, car on sait que dans les chandelles moulées le pied est plat et le collet présente quelque moulure.

C'est donc aux chandelles-baguettes que nous donnons la préférence; ces chandelles, lorsqu'elles ont été faites avec le soin que nous indiquons, qu'elles ont été rognées à la plaque et qu'elles ont reçu une dernière trempe pour les terminer, en ayant soin de bien les essuyer, lors même qu'elles auraient été levées très-doucement, ces chandelles, disons-nous, peuvent être misés en paquet comme les chandelles moulées. Elles l'emporteront sur elles sous tous les autres rapports : d'abord, parce que dans un paquet de chandelles-baguettes on obtiendra beaucoup plus de lumière que dans un paquet de chandelles moulées ; puisqu'il y entre plus de suif, et ensuite par les motifs ci-dessus ; tandis que dans les chandelles moulées le poids est moindre ; heureux encore quand il est complété par le papier.

Nous avons à Rouen un homme ingénieux qui a pris à charge de perfectionner une de nos inventions. Depuis deux ans la machine est en construction ; elle avance, néanmoins, à l'aide de mécaniciens appelés à venir y joindre leur science ; bientôt, peut-être, elle sera mise en marche ; elle a, dit-on, déjà marché, il ne lui manque plus que de bien opérer. C'est quelque chose que d'opérer bien ou mal, car on est toujours parvenu à faire marcher mécaniquement en tournant une manivelle.

En 1839, au jury départemental pour l'admission des produits à l'exposition de Paris, un membre et quelques mécaniciens disaient que notre invention serait un chef-d'œuvre si elle marchait par rouages et à l'aide d'une commande.

On conçoit que des mécaniciens ne songent qu'aux machines à rouages pouvant être mises en mouvement par une commande.

Connaissant moins, sans doute, la science mécanique que ces messieurs, nous avions pour nous l'avantage de connaître mieux qu'eux notre profession et les hommes auxquels nous destinions notre invention. Nous étant expliqué avec les membres de ce jury qui paraissaient attacher le plus d'importance à la complication de notre machine, nous eûmes de forts arguments à combattre; nous conclûmes que, lors même qu'il eût été à notre entière disposition de satisfaire à la demande que l'on nous faisait, nous nous en serions bien gardé : 1º parce que la fabrication de la chandelle s'opère partout ailleurs que dans les villes où il existe des mécaniciens, des modeleurs, des fondeurs de fonte et de cuivre, et qu'aussitôt qu'un des rouages viendrait à se briser, le possesseur serait obligé d'avoir recours soit à son vendeur, soit à un mécanicien, pour faire d'abord un modèle et l'envoyer à la fonte, à une distance plus ou moins éloignée, et pendant ce temps il serait privé d'une machine d'autant plus utile que, comptant sur elle, les fabricants se trouveraient sans mèches ; 2° parce que, les fabricants de chandelles n'étant pas mécaniciens, la moindre chose pourrait les embarrasser, un échappement de goupille pouvant faire désengrener un des rouages ; arrêter la machine, la forcer et nécessiter de grandes réparations ; lors même que ce dernier cas n'arriverait pas, l'opération se trouverait arrêtée, et, comme cette besogne ne doit se faire qu'au moment du besoin, il y aurait non-seulement perte de temps, mais perte à la vente ; 3° parce que les fabricants de chandelles n'ont ni pompe à feu ni chute d'eau pour faire marcher le métier à l'aide d'une courroie ; s'il en était ainsi, il faudrait donc, au lieu d'une poulie pour recevoir la courroie, une manivelle pour donner l'impulsion à la machine ; il faudrait une personne pour tourner cette manivelle, et une autre pour veiller à l'exécution et retirer les broches à mesure qu'elles seraient garnies de mèches. Le prix d'achat de la machine à rouages serait nécessairement double ou triple ; il faudrait deux personnes au lieu d'une ; les réparations et pertes de temps seraient au moins centuples de celles qu'occasionnent la nôtre, puisqu'à moins de briser le métier par malheur ou avec intention, il ne peut y avoir à faire, avant un temps que l'on ne peut calculer, d'autres réparations que celles qui consistent à remplacer les cordes que la vétusté fait casser, remplacement qui peut être fait pour 5 ou 10 centimes.

Devant une telle évidence, l'unanimité des voix nous fut acquise. Nous le disons sans vanité : il fallait être autant pénétré que nous l'étions de l'utilité de notre système, pour avoir résisté à toutes les observations plus ou moins fortes qui nous étaient adressées, parce qu'une capacité quelconque ne se laisse pas battre sans résistance, surtout lorsqu'il s'agit de commissions, de notabilités. Nous n'entendons pas, pour cela, dire qu'il ne peut y avoir d'améliorations à apporter à notre système. Nous pensons que la perfection ne sera pas en faveur de l'économie, et qu'elle ne peut venir que des fabricants de chandelles.

CHAPITRE XIX.

De l'Intensité de la Lumière de la Chandelle.

Pour connaître quelle est la chandelle qui donne la plus grande intensité de lumière, on place à 16 ou 22 centimètres de la flamme une planche percée de deux trous de 32 centimètres de long sur 14 millimètres de large, en ayant soin que la flamme soit bien vis-à-vis le milieu de la largeur du trou ; on dresse verticalement vis-à-vis les ouvertures de la planche par derrière, et à la même distance de la planche, deux bâtons ronds de 7 à 8 millimètres de diamètre ; on reçoit la flamme sur deux cartons blancs dressés verticalement, et on les éloigne des bâtons jusqu'à ce que l'ombre qu'ils projettent sur les cartons soit de même intensité. La chandelle qui permet de lire le plus loin est la meilleure.

CHAPITRE XX.

De la Manière d'empaqueter les Chandelles.

Lorsqu'on veut obtenir une chandelle bien dure à sa surface, on peut employer le moyen suivant, qui est des plus simples et peu coûteux :

Roulez chaque chandelle dans du papier brouillard, en posant la seconde à côté de la première, lorsque celle-ci est enveloppée, et ainsi de suite ; chaque feuille de papier grand format peut envelopper un demi-kilogramme de chandelles. Ce papier, étant très-spongieux, happe l'oléine extérieure de la chandelle, qui présente alors à sa surface l'aspect de la bougie, lorsque les chandelles ont été soumises à une atmosphère tempérée ; en hiver, pour obtenir ce résultat, il faudrait placer les paquets dans un lieu chaud.

CHAPITRE XXI.
Des Machines à tremper les Chandelles.

Le besoin d'obtenir le moins de fatigue possible dans la fabrication de la chandelle a suggéré un grand nombre de moyens plus ou moins ingénieux, plus ou moins utiles. Il y a des machines fort simples avec lesquelles on opère bien, et qui sont si peu coûteuses, qu'on ne conçoit pas comment on peut se fatiguer si mal à propos ; par exemple, celle que nous décrivons sous la forme de brancard (figure 10), dont le soutien perpendiculaire A est attaché au plancher au moyen du crochet, au lieu d'être au centre de la traverse horizontale E.

On le place dans un bout, vers l'ouvrier, à la distance calculée du brancard, et selon que la localité permet de l'allonger ; plus il est long, plus les mouvements de va-et-vient sont doux. Au bout, vers le moule, on adapte un crochet B, dans lequel on passe l'anneau de la traverse C supportant les broches.

Au bout opposé, on accroche un poids qui s'avance et recule selon le besoin ; c'est-à-dire qu'à mesure que la chandelle grossit, on recule le poids F au moyen des entailles B, et afin de n'avoir besoin que de fouler un peu pour tremper ; le poids fait relever la poignée de chandelles, de manière qu'elle n'a besoin que d'être dirigée. On attache au plancher, soit au bout vers le moule, soit au bout opposé, une traverse quelconque, afin que la romaine ne bascule que de la hauteur convenable pour faire sortir les chandelles du moule. Avec cette machine peu coûteuse, on peut peser les chandelles en les trempant, ce qui est une difficulté et une perte de temps pour ceux qui n'opèrent pas ainsi, et qui transportent les broches ou les poignées au balancier destiné à cet effet. Nous disons une machine peu coûteuse, parce que la traverse et son support peuvent être en bois, et être faits en une demi-journée d'ouvrier; le support des broches peut être de bois ou de fer. (Voir le modèle qui supporte les broches.)

Pour parer à l'inconvénient qui résulte de l'oscillation du balancier chargé de chandelles, inconvénient qui fait quelquefois descendre les chandelles à côté du moule, on fait souder à chaque bout de la traverse ou support des broches un petit anneau G, dans lequel passe une broche H en fil de fer, fixée de chaque côté du moule J.

La figure 11 représente une mécanique composée de deux poulies A, fixées au plancher au moyen de l'écrou B; dans chaque poulie passe une corde C, attachée d'un bout au poids D, de l'autre à la traverse horizontale E, munie à chaque bout d'un T, E, qui se présente horizontalement pour recevoir les broches de chandelles G. A chaque bout de la traverse supportant les broches on fixe un anneau H, dans lequel passe la broche I, fixée à chaque bout du moule J.

La figure 3 représente une machine à tremper les chandelles; elle est composée de deux colonnes verticales A, renfermant chacune un piston F, muni à sa base d'une poulie C, sur laquelle passe une corde D, attachée d'un bout au petit anneau supérieur de la colonne, de l'autre bout aux poulies de commande F de chaque côté, lesquelles poulies sont commandées, au moyen de l'arbre de couche, par le levier E.

Fig. 12. — Cette figure représente une mécanique à tremper, composée de deux arbres de couche B, que le lithographe a portés par erreur sur l'anneau de chaque roue, au lieu de les porter au milieu de chaque arbre de couche. Ces arbres supportent à leurs extrémités deux demi-roues dentelées qui s'engrènent l'une dans l'autre, et à chaque côté desquelles est un cercle C, sur lequel s'enroule le cuir D, attaché par chaque bout sur chacun des cercles en passant par-dessous le piston F, revêtu à sa partie supérieure d'une traverse horizontale G, pour supporter les brochées de chandelles au moyen du levier fixé au bout du premier arbre de couche et du contrepoids A, fixé à l'arbre qui se trouve de l'autre côté du moule. On élève et on baisse facilement le piston pour faire entrer et sortir les chandelles du moule; lorsqu'elles sont sorties, le levier se fixe au moyen d'un crochet à ressort attaché à la table du moule ; ce crochet a encore été omis, ainsi que la lettre qui désignait le levier. Les pistons sont figurés horizontalement, afin de faire comprendre facilement le mécanisme ; mais ils sont posés verticalement à chaque bout du moule (on les voit en F à la figure qui se trouve à côté) par des coussinets C; les arbres de couche le sont aux côtés, de manière à ce que les pistons montent et descendent et que les arbres de couche tournent librement.

En visitant un de nos métiers, un fabricant de draps d'Elbeuf, M. Léon Pion, sur la demande d'un fabricant de chandelles, inventa une mécanique à tremper la chandelle, avec laquelle il suffit de tourner une manivelle pour faire tremper chaque poignée alternativement avec une grande régularité, et avec une célérité qui ne permet de travailler qu'en temps froid ; pour parer à cet inconvénient, l'inventeur imagina un ventilateur. Il est fâcheux qu'une invention aussi utile ne puisse être mise en pratique, à cause de l'emplacement que son emploi exige. Cette machine est une roue horizontale supportant autant de poignées de broches que sa circonférence le permet; chacune des poignées est attachée d'un bout à une espèce de brancard ; l'autre bout est retenu, dans la colonne verticale qui sert d'axe à la roue; au moyen d'un excentrique que fait lever et baisser chaque poignée en passant sur le moule. La commande est combinée de manière à ce que, quoique tournant continuellement, il y a un temps d'arrêt dans la rotation, qui permet à l'excentrique de faire deux tours, et par conséquent de tremper deux fois les chandelles avant de reprendre sa course, ainsi de suite.

CHAPITRE XXII.

Des Chandelles perforées à Mèches mobiles.

Les chandelles perforées à mèches mobiles datent de longues années. On lit dans la patente de William Rolts, d'Angleterre : « On donne diverses formes aux chandelles ; la plus avantageuse est un cylindre parfait, » c'est-à-dire la chandelle sortant du moule dont nous faisons usage. Perforé à travers l'axe, le diamètre du trou est réglé sur la grosseur de la mèche ; il se trouve formé en introduisant un fil de fer qui se fixe au bas du moule, exactement dans le trou à la partie supérieure, par un régulateur quelconque. Pour donner au perçoir une position centrale, on retire ce perçoir avant l'entier refroidissement du suif.

Après diverses expériences sur les chandelles forées et à mèches mobiles, nous obtînmes l'avantage, il est vrai, d'éviter la mouchure des chandelles, lesquelles, au moyen d'un ressort à boudin placé au fond du chandelier, s'élèvent à mesure que le suif fond, de manière que la mèche se trouve toujours au même degré ; néanmoins, elle a besoin d'être mouchée toutes les deux heures environ, parce qu'elle charbonne à la superficie.

La perte de temps qu'occasionne le forage des chandelles ; la difficulté de les retirer du moule, dans lequel elles se trouvent souvent cassées ; celles qui se cassent soit en paquet, soit en plaçant les mèches ; le temps qu'il faut pour placer les mèches, plus long que pour celles des chandelles ordinaires ; celui qu'il faut encore pour nétoyer le chandelier, où le suif s'attache par le refroidissement, et diverses autres contrariétés, ont fait abandonner ce système coûteux, qui n'est plus mis en usage que par curiosité.

CHAPITRE XXIII.

Rognoir pour éviter de moucher les Chandelles à chaque trempe.

Ce rognoir se compose d'une platine en cuivre avec un bord relevé, excepté du bout par où se déverse le suif fondu. Cette platine est supportée par un petit caisson carré en forte tôle, dont la profondeur est de 6 à 8 centimètres, destiné à contenir la vapeur qui s'échappe, par un tube fixé dans un coin de la platine, d'une petite cuvette remplie d'eau, au dessous de laquelle se trouve un petit carré en forte tôle, dans lequel on met de la braise allumée pour faire bouillir l'eau. La vapeur s'introduit dans la distance laissée au dessous de la platine, la chauffe de manière à ce qu'en appuyant sur le bout des chandelles, on les rogne à distance voulue, soit en portant les broches sur les bras, soit en disposant un petit châssis en bois ou fer pour supporter, à la hauteur convenable, les baguettes, ainsi que le rognoir et ses accessoires.

CHAPITRE XXIV.

Appareil pour la préparation des Mèches de chandelles.

On sait que, pour mettre les mèches de chandelles en état d'être plongées dans le suif, il faut doubler le coton, le couper, le tordre, et enfiler un certain nombre de ces mèches, toutes à des distances égales l'une de l'autre.

L'appareil dont il s'agit fait toutes ces opérations pour vingt-quatre à-la-fois, et pourrait les faire pour un plus grand nombre dans le même temps.

Cet appareil se compose de trois parties principales :

1° Les planches où se dévident les cotons ;

2° La table où sont tendues, doublées, coupées et enfilées les mèches ;

3° Le guide qui sert à tendre, à doubler autour des baguettes et à espacer régulièrement les mèches ; à quoi il faut ajouter le couteau qui sert à couper les mèches et les baguettes pour les enfiler.

Les deux tiges de bois verticales supportent à leur partie moyenne les planches destinées à recevoir les pelottes de coton. A leur partie supérieure, ces tiges supportent trois traverses superposées, contenant chacune vingt-quatre orifices en métal, par où passent les cotons à mèches ; la troisième, plus large, porte vingt-quatre broches destinées à recevoir des fuseaux garnis de fil de lin, pour le cas où on voudrait en mêler à la mèche. Le frottement qu'éprouve chaque groupe de fil en passant par ces triples orifices fait tendre les fils, ce qui permet de tordre les mèches avec une grande régularité, surtout quand, avant de relever la planche après la torsion, on aura fait avec cette dernière un mouvement de va-et-vient, et mieux plusieurs, en même temps qu'on retire les mèches de l'autre main. Un seul essai suffit pour en faire comprendre l'avantage.

La table est placée devant les planches ; elle se compose de deux systèmes de planches séparées l'une de l'autre par une crémaillère ; chaque système, l'un antérieur, l'autre postérieur, se compose de deux planches garnies à leur face interne d'une basane présentant son côté dépoli. Ces deux planches peuvent glisser l'une sur l'autre, et c'est en faisant ce mouvement qu'elles tordent les mèches.

Pour faire glisser facilement ces planches l'une sur l'autre, une poulie est fixée à quelque distance de l'appareil, sur laquelle passe une corde qui tient d'un bout à la planche supérieure et de l'autre à celle inférieure.

En faisant mouvoir la planche inférieure ou supérieure dans un sens, soit avec la main, soit à l'aide d'un levier fort simple adapté à cette planche, on obtient la torsion voulue des mèches par le mouvement en sens opposé des deux planches, en avant du système de planches qui glisse dans des rainures pratiquées aux traverses latérales de la table, et se fixe à l'extérieur de ces traverses à l'aide d'une pointe ou vis. Cette planche supporte deux broches terminées en crochet, destinées à recevoir les baguettes aux distances voulues pour chaque sorte de chandelles.

La crémaillère porte un nombre de dents égal au nombre de mèches que l'on veut obtenir; elle est double et formée par deux lames de métal. C'est en passant entre ces lames que le couteau tranche les mèches.

Le guide se compose d'une lame de métal où sont pratiqués autant de trous qu'il y a de dents à la crémaillère; cette lame est placée entre deux petites planches qui lui servent à-la-fois de soutien et de coulisse, de manière qu'elle peut être baissée et haussée à volonté, et, par ce mouvement, serrer le coton dans chaque conduit. Le couteau, de forme triangulaire, bien affilé des deux côtés, est fixé dans un coursier à coulisse dont le conducteur est placé à la portée de l'opérateur.

CHAPITRE XXV.

Manière d'opérer.

Les fils sortant des râteliers ou orifices passent dans les trous du guide et viennent primitivement se fixer entre les planches soit du système antérieur, soit du système postérieur. Admettant le système antérieur, l'opérateur lève les planches supérieures, les applique contre le soutien préparé à cet effet, et, prenant le guide d'une main, le pousse vers la partie postérieure de la table; par ce mouvement, on dévide, on tend et on couche sur la planche inférieure les vingt-quatre mèches, qui sont retenues et passées par les vingt-quatre cavités de la crémaillère. L'opérateur passe alors une baguette sur les cotons derrière les crochets; puis, ramenant le guide vers lui, il double, par ce mouvement, les fils à mèche; rabat la planche levée et pose son guide dessus; puis, prenant la poignée qui conduit le couteau, il la mène de droite à gauche ou de gauche à droite, selon que les fils ont été placés. Par ce mouvement, il fait passer le couteau entre les deux lames, tranche les fils retenus par la première planche posée, lève cette planche, met les petits bouts de côté, couvre la planche inférieure de fils doublés à une baguette, comme on vient de l'indiquer tout-à-l'heure pour la planche, rabat la planche levée, pose son guide dessus, et passe de nouveau le couteau entre les deux lames ; il coupe les mèches contenues entre les deux premières planches ; alors il doit faire glisser ces deux planches l'une sur l'autre par le moyen ci-dessus indiqué ; puis, relevant la planche supérieure, il trouvera sur la planche inférieure vingt-quatre mèches tordues aussi régulièrement que possible, enfilées à une baguette à des espaces égaux, et prêtes à être plongées dans le suif. On enlève cette baguette, on la place, et on continue l'opération de la même manière, c'est-à-dire qu'on couvre de nouveau la planche inférieure et qu'on rabat la planche supérieure. Il ne faut pas oublier de poser le guide sur la planche qui vient d'être rabattue, faute de quoi on couperait tous les fils ; il faudrait alors engrener de nouveau. On coupe les mèches, on tord, on enlève la baguette, on retire la planche supérieure, on coupe et on roule, ainsi de suite.

CHAPITRE XXVI.

Manière de monter le Métier.

On commence par rassembler les pieds ; les traverses sont repérées de manière que cette opération est facile ; sur les pieds de derrière on adapte les volutes ; entre ces volutes on fixe les traverses, au moyen de trous faits aux volutes et de petits clous placés au bout de ces traverses, la plus courte en bas ; la troisième, plus large et portant des broches, s'adapte en dessus et se fixe avec des goupilles.

Les pelottes de coton, au nombre voulu, sont placées sur une des planches ; les pelottes doivent se dévider en dedans ; le bout à prendre doit être disposé par le filateur : on prend ce bout, on le croche dans les orifices de chaque traverse, on le passe dans le premier trou du guide, et ainsi de suite. Le guide rempli, les bouts doivent dépasser de 15 à 20 centimètres. On place alors chaque mèche dans une dent du râtelier, on pousse le guide comme pour tendre les bouts engrenés, et, lorsqu'ils se trouvent à 6 ou 8 centimètres du râtelier, on abat la planche levée, on l'appuie sur ces petits bouts, et on opère comme il a été dit ci-dessus.

Selon la longueur des mèches, on rapetisse ou on élargit les planches de manière qu'elles s'adaptent les unes dans les autres.

TABLE DES MATIÈRES.

	PAGES.
Considérations générales.	1
Rapport de la Société d'Emulation de Rouen.	22
— Du Jury Central (Exposition de 1839).	23
— De la Société d'Encouragement de Paris (15 juillet 1840).	24
— De la même Société (12 août 1840).	25
— Des Possesseurs du Métier.	26
Chapitre Ier. Appareil évitant la mouchure des chandelles.	27
— II. Remarque sur la combustion des chandelles.	30
— III. Des Suifs de boucherie.	34
— IV. Fourneau.	39
— V. Moyen d'attiser et conduire le feu.	41
— VI. Fonte des Suifs en branches.	46
— VII. Presse à extraire le suif des cretons.	51
— VIII. Fonte aux acides.	54
— IX. Des Poignées.	56
— X. Emmagasinage des suifs.	57
— XI. Barcs ou Séchoirs où l'on dépose les chandelles.	58
— XII. Barc à porteur ou Echelle.	60
— XIII. Barc à pivot.	62
— XIV. Barc ascendant et descendant.	64
— XV. Manière d'opérer.	65

	PAGES.
— XVI. Cotons les plus propres à produire une belle lumière, et Effets de la Capillarité.	68
— XVII. Mèches de chandelles.	76
— XVIII. Du Choix entre les chandelles-baguettes et les chandelles moulées.	79
— XIX. De l'Intensité de la lumière de la chandelle.	85
— XX. Manière d'empaqueter les chandelles.	85
— XXI. Machines à tremper les chandelles.	86
— XXII. Chandelles perforées à mèches mobiles.	91
— XXIII. Rognoir pour éviter de moucher la chandelle à chaque trempe.	93
— XXIV. Appareil pour la préparation des mèches de chandelles.	94
— XXV. Manière d'opérer	97
— XXVI. Manière de monter le métier. . .	99

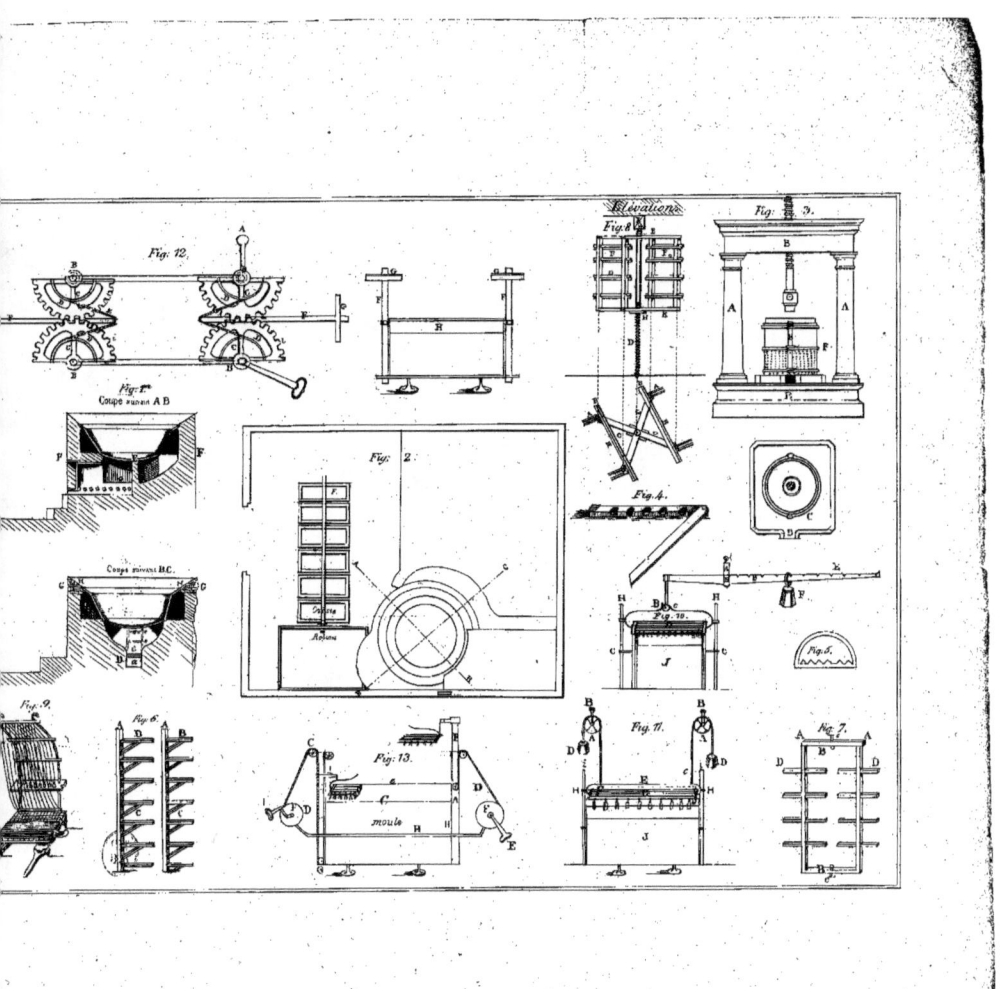